改訂

文例・事例でわかる

居宅ケアプランの書き方

具体的な表現のヒント

著 阿部 充宏

中央法規

はじめに

　今、本書を手にとっているみなさんは「ケアプランの書き方がわからない」「自分のつくっているケアプランが本当に正しいかどうか不安……」などケアプランの書き方について悩んだり、困ったりしている方々だと思います。なかには、ケアプランの書き方を学ぶ機会がなく、自己流で何年も作成してきて今さら人に聞けない、なんて思っているケアマネジャーの方もいるのではないでしょうか。

　それらの悩みをともに考え、少しでも解消できたら……という思いから、2020年4月に本書のもととなる「文例・事例でわかる　居宅ケアプランの書き方　具体的な表現のヒント」を出版させていただきました。本当に数多くのケアマネジャーの方々にお目通しいただけたことに感謝するとともに、ケアプランの重要性を認識し、行動に移せる方々が多いことに感銘を受けています。

　その折、「『介護サービス計画書の様式及び課題分析標準項目の提示について』の一部改正について」（令和3年3月31日老認発0331第6号）が前ぶれなく通知され、その内容に対してさまざまな声があがりました。そもそもケアプランの書き方のスタートは、「介護サービス計画書の様式及び課題分析標準項目の提示について」（平成11年11月12日老企第29号）でしたから、実に20年の時を経て、ということになります。

　通知が出た日から今日までの間、「あの通知をどのように解釈すればよいのか」とさまざまな場面で意見を求められました。これらの数えきれないほどの声に微力ながら応えたい。これが「改訂版」を出させていただく理由となりました。

　そこで本書では、弊社で実施している年間1000事例を超えるケアプラン検証（ケアプラン点検・運営指導・介護支援専門員法定研修等）を積み重ねてきたなかでみえてきた「利用者にわかりやすい」「このような表現だと具体的な状態がよく伝わる」といったケアプランの書き方の参考案をお示ししたいと思います。また、先進的な市町村がすでに行っている「○○市推奨　ケアプランの基本的な考え方と書き方」を協働作成している者として、一歩踏み込んだご提案をできたらと思います。

　よりわかりやすいケアプランを作成することは、適正なケアマネジメントの実践と質の高いケアマネジメントの提供につながります。それは、今までもこれからもみなさんが実践していく「利用者の生活の思いに寄り添う」という対人援助職としての基本を磨いていくことにもなります。数多くのケアプランをみてきた筆者だからこそわかる現実に即したよりよい書き方、よりよい表現のポイントをみなさんにご提案し、また、みなさんと一緒に考えることで、毎日利用したり、作成したりしているケアプランが少しでもよい方向に変化することを期待します。そして利用者一人ひとりの生活がよりよいものとなることを心より願います。

2022年7月

目次

第 **3** 章　ケアプランの具体的な記載事例

おわりに

著者紹介

第 **1** 章

ケアプランの現状と
本書の意義

1 ケアプラン作成は「難しい」と考えられている現状

　介護保険制度がスタートしてから20年以上が経過するなかで、ケアプランは、利用者にとって、また、サービスを提供する事業者等にとって重要な計画書ですが、ケアマネジャーのケアプラン作成に対する悩みは尽きることはありません。

①ケアプラン点検から気づくケアマネジャーの悩み

　2015（平成27）年から保険者委託によりケアプラン点検を実践し、現在では11市町村、年間500人以上のケアマネジャーと面談を行うなかでより一層、ケアマネジャーがケアプランの書き方や表現で戸惑い、悩んでいる状況を強く感じています。「これでは不十分」「同じような内容になっている」と自分自身でも気づいているケアマネジャーは多くいます。特に、経験の豊富な人だからこそ、「定型文のようだと気づいているが同じになってしまう」「管理者であるが、新人に自信をもって伝えることができていない」という声を多数聞いてきました。一方で経験5年未満の人からも、「管理者から一定の指導は受けているが、どうも曖昧な感じでよくわからない」という声が聞かれます。また、「1人ケアマネジャーであるため、指導者がいない」「日頃、ケアプランを見てもらい指導してもらうことは、ほぼない」「書籍などを参考にして見よう見まねで学んできた」という声も少なくありません。

②研修から気づくケアマネジャーの悩み

　さまざまな研修においてもケアプランに対する悩みや不安がうかがえます。法定研修では一定のシラバスと共通の科目が設定されています。事例検討の時間数も非常に増え、より実践的な研修となっています。しかし、「教える講師によってケアプランの書き方の指導内容が違う」、事例検討をすると「他のケアマネジャーのケアプランを見て勉強になる反面、自分が正しいのか不安になる」という声も聞かれます。

　これが、今起きているケアプランをめぐるリアルな現実の一端ではないでしょうか。

2 ケアプランの書き方等が確立しきれていない理由

　ケアプラン（居宅サービス計画）は、介護保険制度の居宅介護支援事業に位置づけられ、市町村の指定を受けた居宅介護支援事業所に所属するケアマネジャーが作成するものです。その基準は、市町村（保険者）の条例により施行されているわけですが、そもそも

は国が作成した運営基準や通知をベースとしています。そのようななかで、ケアプランの標準様式が示され、現在も多くのケアマネジャーはその様式を活用しています。では、その書き方や考え方は、どのように示されてきたのでしょうか。

1999（平成11）年11月12日に老企第29号「介護サービス計画書の様式及び課題分析標準項目の提示について」が発出され、居宅サービス計画書について第1表から第7表までの標準様式とその記載要領が示されました。当時は、介護保険の創成期であり、社会保障改革の真っただ中だったため、標準項目、各様式に対する記載内容等を簡潔に示したものでした。

その後、複数回の改正がありましたが、第1表から第3表には20年以上大きな変更がないままでした。しかし、2021（令和3）年3月31日に老認発第6号「『介護サービス計画書の様式及び課題分析標準項目の提示について』の一部改正について」（以下、改正通知）が発出され、帳票・記載要領の一部見直しが図られました。質の高いケアマネジメントの実現のため、ケアプランの意義や位置づけなども整理されました。ただし、改正された記載要領の内容でも「読み取れない部分」「具体的でない部分」が少なからずあり、現場のケアマネジャーと保険者の判断が一致していないなどケアプランの書き方が確立しているとはいえない状況があります。

なお、2022（令和4）年3月24日に厚生労働省老健局認知症施策・地域介護推進課の事務連絡として、改正通知の再周知がなされ、改正のポイント等が示されています。

3 本書の意義

本書の意義として、以下のとおり大きく3点挙げたいと思います。

①改正通知を反映した書き方の提案をしていること
②ケアプラン点検・運営指導を踏まえたよりよいケアプランの書き方を提案していること
③市町村とケアマネ連絡会等との協働によって、地域の実情を踏まえたケアプランの考え方を示していること

①に関して、1999（平成11）年以降、標準様式や記載要領に大きな改正はなかったため、2021（令和3）年の突然の変更に戸惑った方も多いことと思います。改正通知が発出され1年以上が経過しますが、現場は、いまだに混乱の渦中であると聞くこともあります。

　本書では、改正通知で示された標準様式や記載要領を丁寧に読み解きながら、記載要領等には明記されきれていない、より実務に即した書き方を具体的に提案しています。特に注目が集まった「第1表　利用者及び家族の生活に対する意向を踏まえた課題分析の結果」についても、「意向」と「課題分析」を両立させた書き方を提案していますので、ご参照ください。

　②に関して、ケアプラン点検や運営指導を通して、多種多様な事例を検討してきました。その積み重ねのなかで見つけた、ケアマネジャーが見落としやすい点、勘違いしやすい点などをピックアップし、解説しています。利用者にわかりやすく自立に資するケアプランであること、適正なケアマネジメントの実施を証明するケアプランであることを意識し、ケアマネジャーにとっても実践しやすい書き方を提案しています。

　③に関して、ケアプラン点検や運営指導は、市町村の委託を受けて実施しています。そのため、市町村や地域のケアマネジャー連絡会の意見を踏まえて行っています。同時に、ケアプラン点検や運営指導を通して現場のケアマネジャーの意見を聞き、地域の実情を踏まえたケアプランの考え方・書き方を検討し、日々実践しています。各項目の解釈や考え方には、そういったエッセンスを反映しています。

　2021（令和3）年3月31日老介発第1号・老高発第2号・老認発第3号・老老発第2号「居宅介護支援等に係る書類・事務手続や業務負担等の取扱いについて」では、居宅介護サービス計画書（ケアプラン）の記入例に関する項目もありますが、その取扱いについて「居宅介護支援事業所におかれましては、例えば、各地域の職能団体等を通じて、今般の各項目に係る取扱いについて、各地域の実情を踏まえた基本的な考え方等の整理や合意が図られるよう、意見交換会や協議の場等の開催を各市町村に提案し、一方、各市町村におかれましては、これらの場を積極的に活用し、双方の認識共有、合意形成の一層の充実に努める」ことが示されています。

　今後、ますます地域や市町村の実情に応じた書き方・考え方を検討することが推進されることと思いますので、本書をご参照いただけますと幸いです。

④　保険者へのメッセージ

　筆者は、「ケアプランに対する基本的な考え方や書き方については、保険者が示していくことが必要である」と考えます。つまり、保険者として、利用者等にわかりやすくかつ自立支援に資するケアプランの方向性を示すことが、利用者支援において重要であり、同時に書き方に悩むケアマネジャーが自信をもって、より効果的なケアプランを立案することにつながるのではないか、ということです。

　その理由として、一つは、厚生労働省により示されている標準様式や記載要領はケアマネジャーにとって十分とはいえないためです。標準様式や記載要領は、あくまでも「標準的」なものであり、記載における細部の方向性や考え方は示されていません。大枠として共通理解を図るものとしては重要ですが、実務でケアプランを書くにあたっては、より具体的な指針が求められます。

　また、もう一つの理由として、研修機関や講師によって指導する内容が統一されておらず、ケアマネジャーが混乱している状況があるためです。ケアマネジャーは真面目な方が多く、研修内容を身につけようと努めますが、研修を受けるたびに違う内容を教えられるため、何を軸に考えればよいのかわからなくなってしまっているのです。そういったとき、保険者として考え方や書き方の指針があれば、ケアマネジャーはその指針を軸にしたうえで、よりよいケアプランを追究していくことができます。

　ケアプランに対する基本的な考え方や書き方の指針を保険者として作成する際には、ケアマネジャーと協働することが望まれます。ケアマネジャーが悩んでいることに耳を傾け、意見交換しながら、地域の実情を踏まえた指針を作成していく必要があります。
　2021（令和3）年3月31日老介発第1号・老高発第2号・老認発第3号・老老発第2号「居宅介護支援等に係る書類・事務手続や業務負担等の取扱いについて」では、居宅介護サービス計画書（ケアプラン）の記入例に関する項目もありますが、その取扱いについて、「介護支援専門員の判断を十分に踏まえ、各市町村においては、その可否に係る判断にあたっては根拠を示し、双方が理解できる形で対応がなされる」ことも示されています。

なお、「合同会社　介護の未来」では、神奈川県内を含む複数の市町村と協働して、「○○市推奨ケアプランの基本的な考え方と書き方」を作成してきました。2020（令和2）年以降、これらはケアプラン点検や運営指導場面で活用されています。

　「○○市推奨ケアプランの基本的な考え方と書き方」を導入することで、ケアマネジャーの悩みが減り、より個別性と質の高いケアプランの立案が実現しています。この指針は、毎年更新し、常に進化できるような方法を採用しています。ぜひ各市町村においても、ご参照いただけますことを願います。

 +α ケアマネ連絡会へのメッセージ
「○○市推奨ケアプランの基本的な考え方と書き方」をつくろう

　ケアマネジャーの大多数は、ケアプランは重要なものであり、利用者主体のものであると十分に理解しています。そのため、具体的でわかりやすく、目標志向型である必要性を認識しています。しかし、ケアプランの考え方や書き方については、1999（平成11）年に標準様式と記載要領が発出されて以降、具体的な方向性が示されず、ケアマネジャーは苦悩と努力を積み重ね、手探りのなか実践してきました。

　さて、これからは、保険者と協働して地域に合ったケアプランの考え方と書き方を主体的に提案し、作成していくことが重要です（2021（令和3）年3月31日老介発第1号・老高発第2号・老認発第3号・老老発第2号「居宅介護支援等に係る書類・事務手続や業務負担等の取扱いについて」参照）。ぜひ、一歩を踏み出して、新しいケアマネジメントを実践していきませんか。

　すでに保険者やケアマネ連絡会との協働により「○○市推奨ケアプランの基本的な考え方と書き方」の取り組みを進めている先進的な市町村例（令和4年度現在）

・小田原市	・海老名市	・綾瀬市	・伊勢原市	・藤沢市
・鎌倉市	・福島市	・鶴岡市	・花巻市　等	

5 本書の活用にあたりお願い

　本書は、個人のケアマネジャーのみなさんに活用していただくための書籍であることが基本的な考え方です。ぜひ、さまざまな場面で活用（参考）いただきたく思います。

　しかし、保険者や団体等において活用される場合には「合同会社　介護の未来」までご一報いただき、その趣旨等についてうかがったうえで、承諾を得ていただきたくお願いいたします。その理由は、本書で示した内容の趣旨や考え方を十分に理解し活用していただきたいと思っているからです。

　みなさんに本書を活用していただき、本書がよりよいケアマネジメント推進のための「叩き台」になることは大歓迎です。

連絡先	合同会社　介護の未来
住所	神奈川県伊勢原市桜台 2-6-35
電話	0463-38-0210
メール	info@kaigonomirai.com
HP	http://kaigonomirai.net/

6 動画で解説

　本書の内容をより深く理解し、実践に活かしていただくため、著者による特別な解説動画を配信しております。以下の QR コードを読み取り、ご覧いただけます。ぜひ、積極的にご活用ください（本書を読む前にご視聴されることを推奨します）。

URL：https://chuohoki.socialcast.jp/contents/331

+α ローカルルールとケアプラン

　ローカルルールは是か非か。そんな議論がされることもありますが、保険者によって解釈や考え方の違いがあることは紛れもなく、それに基づく指導（助言）は存在すると明言しておきたいと思います。そういった現状があるなら、「地域に合わせた、地域の利用者に合わせたルール（基準や解釈）」をつくるほうが、利用者にとっても、ケアマネジャーにとってもわかりやすいのではないでしょうか。

ローカルルールの例（ケアプランに関する例）

---

①　ケアプランの目標期間は、原則最長1年（短期目標6か月）とする
　　ケアプランの目標期間の設定は、「要介護認定の有効期間を考慮する」こととされています。昨今では、要介護認定の有効期間が延長になったことに伴い、「長期目標3年、短期目標1年6か月」などとしているケースを多数見かけます。期間設定の理由を尋ねると「要介護認定の有効期間に合わせたから」と回答があります。つまり、利用者の状態や状況を鑑みたものではなく、機械的に目標の期間を設定したケアプランになってしまっているのです。これでは、利用者本位でも目標志向型でもありません。そこで、目標の最長期間を1年として、最低限、ケアプランの質を担保できるようなローカルルールを設定しているのです。

②　第2表のサービス内容欄に「加算項目」を表記する。
　　介護保険サービス利用に際して、加算を算定している場合には、サービス内容欄に、どのような加算を算定しているか表記することを指導（助言）している保険者もあります。加算名だけを記載するということではなく、具体的なサービス内容を明記したうえで、加算名を加えます。
【例：身体の前面部を自分で洗えるよう声かけをします（入浴介助加算Ⅰ）】

第 2 章

ケアプランの
基本的な書き方と
考え方

「ケアプランの書き方」について

① ケアプラン作成の目的

　ケアプランを作成する1番の目的は、「利用者の生活に寄り添い、利用者の自立を支援すること」です。利用者にとって具体的でわかりやすいケアプランを作成できるよう記述力を向上させ、ケアプランにかかわる課題の改善を図ることは、利用者の自立支援につながります。また、ケアプランの標準化と質の向上につながり、ケアマネジャーにとっては、効果的・効率的なケアプラン作成を推進することになります。結果的に給付の適正化につながり、適切なケアマネジメントを証明していくことにもなります。本書では、ケアプランの書き方について解説しますが、書き方ばかりにとらわれ、本質を見失っては本末転倒です。

② ケアプランの前提

　ケアプランの書き方の大前提として、課題分析から適切なニーズの抽出ができていないとその時点の最適なケアプランを立案することができないということを共有しておきます。

③ ケアプランの土台

　第1表から第3表において、常に土台となることは「ニーズ（解決すべき課題)」です。ニーズを解決するために長期目標があり、ニーズを解決するために短期目標があり、ニーズを解決するためにサービス内容があるということです。ですから、ニーズと目標・サービス内容に整合性があることが求められます。それには、ニーズが明確であることが大切です。

　それでは、国が示した標準様式とその記載要領（通知）も考慮しながら、望ましい書き方について示していきます。最初に、改正通知で示されたケアプランの意義を押さえておきましょう。

改正通知で示されたケアプランの意義

改正通知でケアプランの意義が以下のように示されました。

介護サービス計画は、利用者の生活を総合的かつ効果的に支援するために重要な計画であり、利用者が地域の中で尊厳ある自立した生活を続けるための利用者本人の計画であることを踏まえ、わかりやすく記載するものとする。

利用者本人の計画であり、わかりやすく記載する必要性が改めて強調されています。わかりやすく記載するために、最低限求められる「ケアプランの書き方」の基本の「き」は下記のとおりです。

「ケアプランの書き方」の基本の「き」

ケアプランは、正式な書類（利用者等に対して説明・交付を行い、同意を得る等）として制度的に位置づけられ、利用者、支援者両者にとって重きをおかれているものです。そのことを踏まえたとき、正式な書類としての基本の「き」を実践することが必要です。

ケアプラン点検においても、以下に掲げる基本の「き」に対しての助言や指摘をすることが少なくありません。改めて確認（配慮）してください。

①誤字脱字（変換ミスなど）がない。
②記入欄から文字がでないようにする。また、文字が切れていたり、ずれていたりしないようにする（使用している介護保険ソフトの不備を言い訳にしない）。
③専門用語を用いない。
④略語（通介　生活Ⅱなど）を用いない。
⑤和暦と西暦のいずれかで統一する。
⑥利用者やその家族への配慮に欠ける表現（認知症・徘徊・拒否・訴えなど）を用いない。

居宅サービス

利用者名 ＿＿＿＿＿＿＿＿＿ 殿　　　生年月日　　　年　　月　　日

居宅サービス計画作成者氏名 ＿＿＿＿＿＿＿＿＿＿＿＿＿＿＿＿＿＿＿＿＿

居宅介護支援事業者・事業所名及び所在地 ＿＿＿＿＿＿＿＿＿＿＿＿＿＿＿＿

居宅サービス計画作成（変更）日　　　年　　月　　日

認定日　　　年　　月　　日　　　　認定の有効期間　　　年　　月　　日

要介護状態区分	要介護1　　　・　　　要介護2　　　・　　　要介護3
利用者及び 家族の生活に対する 意向を踏まえた 課題分析の結果	← ① p.14
介護認定審査会の意見及び サービスの種類の指定	← ② p.20
総合的な 援助の方針	← ③ p.22
生活援助中心型の算定理由	1.　一人暮らし　　　2.　家族等が障害、疾病等

④ p.27

計画書（1）

作成年月日　　　年　　月　　日

初回・紹介・継続　　認定済・申請中

住所

初回居宅サービス計画作成日　　　年　　月　　日

〜　　　年　　月　　日

・　　要介護4　　・　　要介護5

3.　その他　（　　　　　　　　　　　　　　　　　　　　　　）

第1表　居宅サービス計画書（1）

1 利用者及び家族の生活に対する意向を踏まえた課題分析の結果

厚労省通知

　利用者及びその家族が、どのような内容の介護サービスをどの程度の頻度で利用しながら、どのような生活をしたいと考えているのか意向を踏まえた課題分析の結果を記載する。その際、課題分析の結果として、「自立支援」に資するために解決しなければならない課題が把握できているか確認する。そのために、利用者の主訴や相談内容等を踏まえた利用者が持っている力や生活環境等の評価を含め利用者が抱える問題点を明らかにしていくこと。

　なお、利用者及びその家族の生活に対する意向が異なる場合には、各々の主訴を区別して記載する。

※「厚労省通知」とは、「介護サービス計画書の様式及び課題分析標準項目の提示について（平成11年11月12日老企第29号）」を指します。以下同。
※色箇所は、「『介護サービス計画書の様式及び課題分析標準項目の提示について』の一部改正について（令和3年3月31日老認発第6号）」で追加・修正のあった箇所を示しています。以下同。
※下線は筆者。以下同。

わかりやすい書き方と考え方

● 帳票に書く基本的な構成

まず、厚労省通知を分解して具体的に帳票に書く内容を考えてみます。

厚労省通知	ケアマネジメントの流れ
①どのような内容の介護サービスを	③どのような生活をしたいと考えているのか
②どの程度の頻度で利用しながら、	④（意向を踏まえた）課題分析の結果
③どのような生活をしたいと考えているのか	①どのような内容の介護サービスを
④（意向を踏まえた）課題分析の結果	②どの程度の頻度で利用しながら、

厚労省通知から抜き出した①〜④の要素をケアマネジメントの流れに沿って考えると、③④①②の順番になることが多いのではないでしょうか。③「どのような生活をしたいか」と十分に利用者の意向を確認したうえで、④利用者の解決すべき課題はどこにあるのかを分析します。そのうえで、①介護サービスの種類や②その頻度を検討していくことになります。

　③は、ケアマネジャーが一番大切にしている部分であると思います。しかし、いきなり「どのような生活をしたいか」を聞いても、利用者や家族は、「今までどおりの暮らしをしたい」「できることは継続したい」といった曖昧で抽象的な答えになってしまいます。そのため、利用者等が認識している「困りごと」に耳を傾け、最終的には利用者の意欲やモチベーションにつながる真の意向を引き出すよう努めることが大切です（このあたりについては、「文例・事例でわかる　居宅ケアプランの書き方　具体的な表現のヒント」（2020 年発行）p.12 をご参照ください）。

　④は、③で引き出した意向に対して課題分析を行います（詳しくは下記のとおり）。

　①②は、ケアマネジャーに尋ねられる前から、何らかの希望をもっている利用者もいるかもしれませんが、課題分析を踏まえて利用者とケアマネジャーとで相談しながら決定していくものと考えられます。また、①②は、第 2 表のサービス内容・頻度欄でも示すため、無理に本欄に記載する必要はありません。

● 「意向を踏まえた課題分析の結果」の考え方
　ポイントは、「意向を踏まえた」という部分です。利用者の意向に対して、支援の方向性を示すことが求められます。ただし、まず総合的な課題分析を行い、利用者のニーズを適切に抽出することが重要です。その結果を踏まえて、利用者の意向に照らし合わせます。ここで、具体例を挙げて考えてみます。

【例1】

　利用者のAさん（80代、女性）は、脳出血の後遺症で両下肢の筋力が低下しています。ケアマネジャーは、ケアプラン作成のため、Aさんの居宅を訪問し、初回面接を行いました。

> Aさん：「ケアマネさん、このまま自宅で暮らしたいのはもちろんだけど、本当は、**年に1回くらいは、北海道に行きたい**んですよ」
> ケアマネジャー：「娘さんが、北海道にお住まいなんですよね」
> Aさん：「そうなんです。なかなか会えなくて……。来てもらってばかりでは悪いし、孫にも会いたいし……」
> ケアマネジャー：「そういった目標があるのは素敵ですね。北海道に行くためには、どんなことができるようになればよいのか、一緒に考えていきましょう」

　Aさんの意向は、「北海道に年1回行き、娘たちに会いたい」ということです。ケアマネジャーはこの意向に対して、支援の方向性を考えます。大切なのは、その意向が実現するかどうかを判断することではなく、意向を尊重し、意向に少しでも近づくための支援の方針を検討することです。

　例えば、「1人で駅の構内を歩くことができるよう、下肢のリハビリテーションを強化する」「座位姿勢が保てるよう、日中はできるだけ身体を起こした状態で過ごせるようサポートする」といったことです。

　ただし、意向に対する課題分析の結果と、ケアマネジャーが利用者の健康状況・精神状況・生活状況等を総合的に分析して導き出した生活全般の解決すべき課題（ニーズ）とは異なる場合もあります。具体例を挙げてみます。

【例2】

　利用者のBさん（70代、男性）は、退職後ひきこもりがちになり、3か月前から急激に食欲が低下しています。BMIは15で脱水症状も心配されます。ケアマネジャーは、Bさんのケアプランを見直すため、面接を行いました。

> ケアマネジャー：「最近、体調はどうですか」
> Bさん：「体調はよくないね。身体がスッキリしない気がして……」
> ケアマネジャー：「身体がスッキリしないんですね。もしかしたら、ご飯の量が少し足りていないかもしれませんね」
> Bさん：「いや、それよりも、お風呂にもっと入りたくて」
> ケアマネジャー：「お風呂ですか、今はデイサービスで週3回入っていますよね」
> Bさん：「そうだけど、本当は前みたいに**自宅で毎日お風呂に入りたいんだよ**」
> ケアマネジャー：「そうだったんですね。毎日お風呂に入るためにはどうしたらよいのか、一緒に考えさせてください」

　この例でのBさんの意向は「自宅で毎日お風呂に入りたい」ということです。しかし、ケアマネジャーがプロの視点で考えると、Bさんの、最も優先順位の高い生活全般の解決すべき課題（ニーズ）は、体重（BMI）の低下・食欲低下です。食事量を増やし、適正な体重にすることが必要だと考えられます。

　こういった場合でも、本欄では、Bさんの意向を尊重し、あくまでもBさんの意向に対して支援の方向性を考えます。自宅で入浴できることを目指し、「まず、食事をしっかり摂って体力をつけられるようにする」「一人での着替えがスムーズにできるよう見守る」「浴槽をまたぐために足上げのトレーニングを実施する」など検討し、その結果を書きます。

　一方で、ケアマネジャーがプロの視点で総合的にアセスメントした結果・方針は、第1表の「総合的な援助の方針」に記入します。Bさんの例では「1日に必要な水分量・食事量が摂れているか、チーム全体で確認する」といった内容になるでしょう。

　本人・家族の意向を尊重することは、本人のモチベーションの維持・向上につながります。また、その人の望む暮らしをより深く理解し、本人・家族の価値観を重んじることになります。ケアマネジャーという専門家の視点で判断することと同じくらい、本人・家族の意向は重要です。

● 「意向を踏まえた課題分析の結果」の書き方

　まず、利用者や家族の意向について、丁寧に聞き取った内容を書きます。その際、利用者・家族が、生活全般の解決すべき課題（ケアマネジャーが判断したニーズ）について、把握（自覚）できているか確認します（利用者が生活全般の解決すべき課題を自覚できていないことも多くあります）。

　また、利用者の意向に対して、利用者がもっている強みや可能性を考慮し、利用者の意向に対する支援の方向性を「今後の方向性」という欄を設け、記入します。

図　利用者及び家族の生活に対する意向を踏まえた課題分析の結果の書き方

総合的な課題分析をする

利用者や家族の意向（生き方・夢・希望）を確認する
記載例：（本人）長男家族と一緒に海外旅行に行きたい。
　　　　（長男）母と一緒にもう一度海外旅行に行きたい。

課題分析の結果を利用者や家族の意向に照らし合わせる
・生活全般の解決すべき課題（ケアマネジャーが判断する課題）の自覚度合いを確認
・意向に対する本人の強みや生活環境を評価

支援の方向性を検討する
記載例：（今後の方向性）長男家族と一緒に海外旅行に行くために、1人で歩ける距離を
　　　　伸ばせるよう、歩行訓練に力を入れていきましょう。

わかりにくい書き方の特徴

❶「一人で歩行できないが、家族に迷惑をかけたくない」といった「できないこと」が優先されていて、強みに目を向けられていない記述が多くあります。

❷「デイサービスを利用したい」「機能訓練をしてほしい」など「介護保険サービスの利用に対する希望」が先立っていて、利用者・家族の真の希望・意向が掘り下げられていないものもあります。

わかりやすい書き方のポイント

①利用者・家族の具体的な意向を引き出します。

②①を踏まえ、上段に本人の意向、下段に家族（続柄）の意向を記します。

③利用者が意向を語ることが困難な場合（例：認知症等による会話困難）には、「利用者に尋ねましたが明確な回答を得ることができませんでした」という表記も可能です。

④総合的な課題分析の結果を利用者・家族の意向に照らし合わせます。

⑤②の下に「今後の方向性」という項目を設け、支援の方向性を示します。

わかりにくい書き方の具体例

【できないことが優先された記載になっている】

・（本人）1人でトイレを済ますことが難しくなってきたので、ヘルパーさんに手伝ってもらいながら、家族に迷惑がかからないようにしたい

・（次女）1人で買い物に行けないのでどうにかしてほしい

【介護保険サービスの意向のみが記載されている】

・（本人）通所介護は週2回のままがいい

・（長女）デイサービスで機能訓練を受けて、自分でできることを増やしてほしい

・（本人）訪問介護をもっと利用したい

・（三男）今のサービスを継続してほしい

わかりやすい書き方の具体例

・（本人）100m先のスーパーマーケットに1人で買い物に行けるようになりたい

・（妻）1日1回は、一緒に散歩に行こうと思う

・（今後の方向性）ふらつきなく歩ける距離を少しずつ伸ばせるように、1日1回の散歩と週2回のリハビリテーションを休まずに実施します

・（本人）トイレのことだけは、人の手を借りずに自分でやりたい。足が弱くなってきたので何とかしたい気持ちがある。自分1人で歩くのは怖いが、それを克服して娘と一緒にまた旅行がしたい

・（長女）年1回は一緒に旅行がしたい。トイレと歩行は自分でできていてほしい

・（今後の方向性）歩く訓練を実施することで、「転ばないように歩けること」「トイレを自分でできていること」を継続させましょう。その先にある、ご家族との旅行を楽しみに取り組んでいきましょう

2) 介護認定審査会の意見及びサービスの種類の指定

厚労省通知

被保険者証を確認し、「認定審査会意見及びサービスの種類の指定」が記載されている場合には、これを<u>転記する。</u>

わかりやすい書き方と考え方

被保険者証を確認し、介護認定審査会の意見があれば、意見を加味してケアマネジメントを行います。サービスの種類の指定がある場合には、指定に従いケアマネジメントを行います（第1表「介護認定審査会の意見及びサービスの種類の指定」に転記）。被保険者証を確認し、審査会の意見やサービスの種類の指定がなかった場合にも「特になし」「意見なし」等と記載しておくとよいでしょう。

わかりにくい書き方の特徴

❶そもそも被保険者証を確認しておらず、被保険者証を「確認する必要がある」ことを知らないことがあります。

❷被保険者証を確認していないだけでなく、様式から「介護認定審査会の意見及びサービスの種類の指定」の欄を削除してしまっているケースもあります。

❸確認していた場合でも確認した旨の記録（例：居宅介護支援経過への記録）がなく、本欄にも未記入であるため、確認したかどうかがわからないことがあります。

① 法令上の規定

介護保険法第80条第2項	指定居宅介護支援事業者は、被保険者証に認定審査会意見が記載されているときは、その意見に配慮して、指定居宅介護支援を提供するよう努めなければならない
介護保険法第73条第2項	指定居宅サービス事業者は、被保険者証に認定審査会意見が記載されているときは、その意見に配慮して、指定居宅サービスを提供するよう努めなければならない

上記のように、ケアマネジャーの責務として認定審査会意見を確認し、その記載内容に応じてケアマネジメントを行うことが介護保険法に規定されています。ですから、様式から本欄を削除することで、被保険者証に「記載があった場合」に、認定審査会の意見及びサービスの種類の指定に基づいてケアマネジメントを行っていたとしても、その事実と内容をケアプランから読み取ることができなくなってしまうのです。

② 目的以外の使用

　本欄を使用して医療情報（これまでの病歴等）や利用にいたる経緯を記載してしまっているケースも散見されますので、本欄の目的に沿った使用方法に留意してください。

 わかりやすい書き方のポイント

①被保険者証を必ず確認し、「認定審査会意見」及び「サービスの種類の指定」の有無や内容を確かめ、明記されている場合には転記します。

②「認定審査会意見」及び「サービスの種類の指定」がない場合には、「特になし」「意見等なし」と記載します。

③被保険者証に記載してある内容（認定審査会意見及びサービスの種類の指定）以外は記載しません。

③ 総合的な援助の方針

3 総合的な援助の方針

厚労省通知

　課題分析により抽出された、「生活全般の解決すべき課題（ニーズ）」に対応して、当該居宅サービス計画を作成する介護支援専門員をはじめ各種のサービス担当者が、どのようなチームケアを行おうとするのか、利用者及び家族を含むケアチームが確認、検討の上、総合的な援助の方針を記載する。

　あらかじめ発生する可能性が高い緊急事態が想定されている場合には、対応機関やその連絡先、また、あらかじめケアチームにおいて、どのような場合を緊急事態と考えているかや、緊急時を想定した対応の方法等について記載することが望ましい。例えば、利用者の状態が急変した場合の連携等や、将来の予測やその際の多職種との連携を含む対応方法について記載する。

わかりやすい書き方と考え方

① 支援チームの共通方針の明確化

　ニーズを総合的にとらえたうえで、支援チームとしての共通方針を具体的に記載します。共通方針とは、利用者等の複数のニーズに共通している、支援チームのメンバー全員が共有しておくべき支援のポイントです。

図　支援チームの共通方針のイメージ

●転倒のリスクがある場合、その主な要因が「服薬忘れ」によるふらつき、めまいなどだとすれば、支援チームメンバー全員が、「服薬の確認と声かけ」を行うことが、共通方針になります。

② 緊急事態やその対応の明確化

対応機関や連絡先は「緊急事態が発生する場合」をケアマネジャーが判断したうえで記載します。また、どのような場合を緊急事態と考えているかや、緊急時を想定した対応方法も記載します。「緊急事態が発生する場合」は、世帯状況や介護力、疾患等による急変の可能性や救急搬送の可能性等を鑑みて、総合的に判断してください。あらかじめ、連絡先や対応方法が明らかになっていることで利用者や家族が安心できることにも配慮してください。

③ 将来的に活用の可能性があるサービスの記載

本欄の活用方法の1つとして、現在は活用予定がないサービスであるものの、将来的に活用する可能性がある場合にその旨を記載しておくこともできます。例えば、「今は必要ありませんが、介護者に急な出張等が想定される場合に、短期入所生活介護を利用します」などです。また、記載することにより家族が安心感を得られる場合や、サポートすることをあらかじめ伝えておくことが望ましい場合にも本欄を活用できます。例えば、「奥様の体調の変化に応じて、即座にお泊まり等の活用をサポートします」などと記入します。

④「第1表　利用者及び家族の生活に対する意向を踏まえた課題分析の結果」との関係性

「利用者及び家族の生活に対する意向を踏まえた課題分析の結果」には、p.15～19で説明したとおり、課題分析の結果を利用者・家族の意向と照らし合わせた支援の方向性を記載します。

一方、本欄では、ケアマネジャーが総合的に課題分析を行い抽出した「生活全般の解決すべき課題（ニーズ）」に対応した、チームとして取り組む支援の方針を記載します。利用者や家族の意向が、ケアマネジャーが判断したニーズと重なる場合は、「利用者及び家族の生活に対する意向を踏まえた課題分析の結果」と本欄の記載内容は、重なる部分が多くなるでしょう。一方、利用者や家族の意向が、ケアマネジャーが判断したニーズと異なる場合には、支援の方向性が必ずしも同じものにならないこともあります。

表 「利用者及び家族の生活に対する意向を踏まえた課題分析の結果」と「総合的な援助
　　の方針」との関係性

	具体例	利用者及び家族の生活に対する意向を踏まえた課題分析の結果	総合的な援助の方針
利用者（家族）の意向とケアマネが判断したニーズが一致する場合	利用者の意向「トイレに一人で歩いて行けるようになりたい」ケアマネが判断したニーズ「歩行時のふらつきに不安があるが、（リハビリテーション等を活用することで）一人でふらつくことなくトイレまで歩けるようになる」	今後の方向性トイレに一人で歩いて行けるよう、下半身のリハビリテーション、全身のバランスをとる体操に力を入れていきましょう。　　　　　　　共通する内容	一人で歩く際には、見守り・声かけを徹底します。
利用者（家族）の意向とケアマネが判断したニーズが異なる場合	利用者の意向「長女の家に月1回泊まりたい」ケアマネが判断したニーズ「服薬を忘れることがあり、その影響で自宅内で転倒を繰り返している」	今後の方向性長女の家に泊まりに行くために転ばないように生活していきましょう。また、起き上がって過ごせる時間を増やすことを意識し、体力をつけていきましょう。　　　　　　相違のある内容	服薬を忘れることがあり、それにより、転倒することがあります。服薬の有無の確認、声かけを徹底します。

わかりにくい書き方の特徴

❶サービス名とサービス内容が羅列されています。

❷入院歴や生活歴などの経過のみが記載されています。

❸誰にでも当てはまるような文章となっています（例：ご本人の意向をうかがい、速やかに関係機関で連携を図り、サポートさせていただきます）。

❹緊急連絡先や主治医の情報等が特段の意味もなく明記されています。

❺総合的な援助の方針は、第2表に掲げたニーズを解決し、目標を実現していくために支援チームのサポートの方針を記すものです。時に利用者や家族等にとっても総合的な援助の方針となります。それにより利用者や家族等も支援チームと同じような気持ちと行動で、ともに望む暮らしや目標の実現を目指すことができるようになります。

わかりやすい書き方のポイント

①【支援チームとしての共通方針】を記載します。

【支援チームとしての共通方針】とは、チームとして、全員が理解し、共有し、観察し、配慮する内容です。

　ⅰ　課題の中核（根本原因）を明らかにします

　　（例）服薬を忘れる

　ⅱ　課題の中核（根本原因）から日常生活への影響を明らかにします

　　（例）服薬を忘れることにより、足元がふらつくことがあります

　ⅲ　課題解決に必要であって、ⅱの日常生活への影響を防ぐために行う支援チームの共通方針を記載します

　　（例）服薬を忘れることにより、足元がふらつくことがありますので、「服薬（残薬）の確認と声かけ」を行います

②支援の経過（例：令和4年10月に脱水を起こした）などを記載する場合には、ケアプランの期間等も加味して（年月等を）記載します（作成したときは最新でも、長期目標期間のうちに情報も状況も古くなってしまうことがあります）。

③あらかじめ発生する可能性が高い緊急事態が想定される場合には、緊急連絡先等の記載をします。

④緊急事態が想定される場合については、どのような状態が緊急事態であるか、また、その場合の対応方法について記載します。

わかりにくい書き方の具体例

【誰にでも当てはまるような内容となっている】
・関係機関と連携しながら支援にあたります
・自宅で暮らしていけるよう支援します

【抽象的で具体性がない】
・認知症により不安の訴えがあった場合には、丁寧に話を聞きます
・安心、安全に生活ができるよう支援してまいります

【必要性を判断せず、機械的に緊急連絡先を記載している】
・〇〇病院　電話番号　　　（長男）電話番号（緊急性の判断なく全員に記載）

【想定される緊急事態や対応方針が曖昧になっている】
・具合が悪そうな場合には、関係機関に連絡して対応します
・元気がない場合には、必要に応じて医師等に連絡します
・体調不良がある場合には、随時対応します

わかりやすい書き方の具体例

【チームとして何を行うかが明確になっている】

・昨年（令和3年7月）、脱水症状がありましたので、「飲水の量」について常に確認と声かけをします（長期目標1年）

・食事の量が令和5年12月より少なくなってきており、体重も減っています。「食事の有無・食事の量・内容等」の摂食状況とそれに伴う歩行状態の観察を行います（長期目標1年）

・服薬を忘れることがあり、そのせいで頭痛・ふらつきがみられることがありますので、「服薬（残薬）の確認と声かけ」を行います

・前回（令和4年2月まで）のケアプランの目標（昼食は自分でスーパーマーケットまで買いに行く）を達成されました。一方、「杖を持つ」「歩幅を広く」を頭において歩くことを忘れてしまうこともありますので、支援スタッフも継続して声かけ等のサポートをします

・今後について、家族や家庭の状況変化に対して、泊まり等の相談をしていきます

【想定される緊急事態や対応方針が明確になっている】

・会話をして呂律が回っていない場合には、速やかに救急車を要請します

・歩けないほどの右膝の痛みがある場合には、〇〇医師に速やかに連絡し、指示を仰ぎます　〇〇整形外科　△△医師　◇◇-0120

・食事量と飲量が〇〇以下で口腔内に乾燥がある場合には、〇〇医師に連絡し、その後、長女様に連絡します　☆☆医師（★★-0120）　長女（▲▲-0210）

4 生活援助中心型の算定理由

厚労省通知

　介護保険給付対象サービスとして、居宅サービス計画に生活援助中心型の訪問介護を位置付けることが必要な場合に記載する。

　「指定居宅サービスに要する費用の額の算定に関する基準」（平成 12 年 2 月 10 日厚生省告示第 19 号）別表の 1 の注 3 に規定する「単身の世帯に属する利用者」の場合は、「1. 一人暮らし」に、「家族若しくは親族（以下「家族等」という。）と同居している利用者であって、当該家族等の障害、疾病等の理由により、当該利用者または当該家族等が家事を行うことが困難であるもの」の場合は、「2. 家族等が障害、疾病等」に○を付す。また、家族等に障害、疾病がない場合であっても、同様のやむをえない事情により、家事が困難な場合等については、「3. その他」に○を付し、その事情の内容について簡潔明瞭に記載する。事情の内容については、例えば、

・家族が高齢で筋力が低下していて、行うのが難しい家事がある場合
・家族が介護疲れで共倒れ等の深刻な問題が起きてしまう恐れがある場合
・家族が仕事で不在の時に、行わなくては日常生活に支障がある場合

　などがある。（「同居家族等がいる場合における訪問介護サービス等の生活援助の取扱いについて」（平成 21 年 12 月 25 日老振発 1224 第 1 号）参照）

わかりやすい書き方と考え方

　訪問介護の生活援助の回数等を問わず、生活援助を利用している場合に記載します。必要な理由は、①一人暮らし、②家族等が障害・疾病等、③その他（やむをえない事情により、家事が困難な場合等）のいずれかを選択して○を付し、「その他」には簡潔明瞭にその理由を記載します。

　大切なのは、アセスメントで具体的な状況の把握と原因分析を十分にすることです。「一人暮らし」は「生活援助が必要」という根拠にならないことに注意が必要です。

　「その他」については、個別の事情がわかるような表記が望ましいでしょう。

わかりにくい書き方の特徴

❶生活援助を活用している場合でも○を付していない場合や、「その他」の理由が記載されていない場合があります。

❷その他の「事情の内容」が、多くの人に当てはまるような表記や、個別の状況がわからない表記になっていることがあります。

❸「事情の内容」が、利用者や家族の心情に配慮されていないこともあります。特に、「共倒れ」「介護疲れ」といった表現は、利用者や家族自身の認識・心情を考慮したうえで、記載することが適切か、慎重に判断してください。

わかりやすい書き方のポイント

①訪問介護（生活援助）を利用している場合、回数を問わず、該当する理由に○を付します。

②その他の「事情の内容」については、個別の状況を簡潔明瞭に記載します。

わかりにくい書き方の具体例

【その他の「事情の内容」が誰にでも当てはまるような内容となっている】
・家族就労
・家族による家事支援が困難

 わかりやすい書き方の具体例

【その他の「事情の内容」が簡潔明瞭になっている】
・妻に持病（リウマチ）があり、寒い季節は痛みが強く家事が難しくなります
・同居の長女夫妻が共働きであり、利用者の家事が十分にできません（特に掃除）
・同居の次男は月1回、1週間程度の出張があり、その期間は家事全般ができません
・隣市の次女が週1回家事を手伝いに来ますが、洗濯等の家事が十分ではありません

居宅サービス

利用者名 　　　　　　　殿

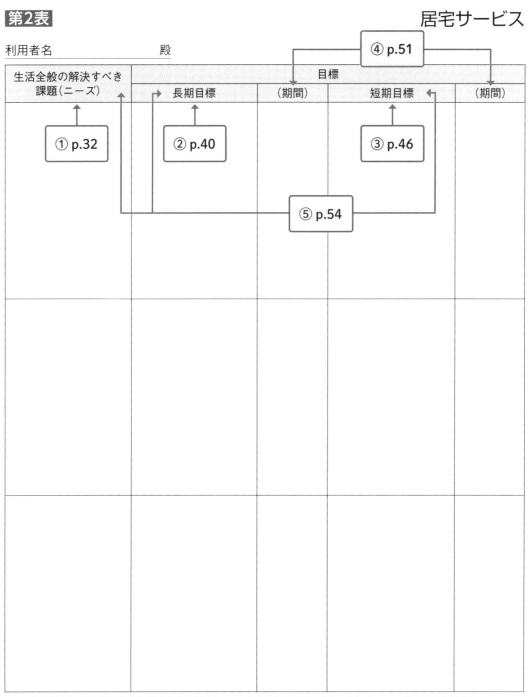

生活全般の解決すべき課題（ニーズ）	目標				
	長期目標	（期間）	短期目標		（期間）
① p.32	② p.40		③ p.46		
		⑤ p.54			

④ p.51

※1 「保険給付の対象となるかどうかの区分」について、保険給付対象内サービスについては○印を付す。
※2 「当該サービス提供を行う事業所」について記入する。

計画書（2）

作成年月日　　　　年　　月　　日

援助内容					
サービス内容	※1	サービス種別	※2	頻度	期間
⑥ p.61		⑦ p.66		⑧ p.68	⑨ p.70

2 第2表 居宅サービス計画書(2)

1 生活全般の解決すべき課題(ニーズ)

厚労省通知

　利用者の自立を阻害する要因等であって、個々の解決すべき課題(ニーズ)についてその相互関係をも含めて明らかにし、それを解決するための要点がどこにあるかを分析し、その波及する効果を予測して原則として優先度合いが高いものから順に記載する。具体的には、利用者の生活全般の解決すべき課題(ニーズ)の中で、解決していかなければならない課題の優先順位を見立て、そこから目標を立て、
・利用者自身の力で取り組めること
・家族や地域の協力でできること
・ケアチームが支援すること
で、できるようになることなどを整理し、具体的な方法や手段をわかりやすく記載する。
　目標に対する援助内容では、「いつまでに、誰が、何を行い、どのようになるのか」という目標達成に向けた取り組みの内容やサービスの種別・頻度や期間を設定する。

わかりやすい書き方と考え方

① 厚労省通知に示されている要素

厚労省通知を読み解くため、まず分解して考えてみると以下のようになります。

❶利用者の自立を阻害する要因等＝個々の解決すべき課題(ニーズ)

❷その相互関係をも含めて明らかに

❸それを解決するための要点がどこにあるかを分析

❹その波及する効果を予測して

❺原則として優先度合いが高いものから順に記載

❻具体的には、利用者の生活全般の解決すべき課題(ニーズ)の中で、解決していかなければならない課題の優先順位を見立て、そこから目標を立て、

・利用者自身の力で取り組めること

・家族や地域の協力でできること

・ケアチームが支援すること

で、できるようになることなどを整理

❼具体的な方法や手段をわかりやすく記載

❽目標に対する援助内容では、「いつまでに、誰が、何を行い、どのようになるのか」という目標達成に向けた取り組みの内容やサービスの種別・頻度や期間を設定

❶～❻は、課題の抽出と抽出した課題の整理に関する内容であり、❼～❽は解決すべき課題（ニーズ）の解決方法及び手段に関する内容です。❶～❽までの項目をすべて本欄に書ききろうと思うと、文量が多く、書き手、読み手両者にとって負担になるでしょう。そのため、まずは、「生活全般の解決すべき課題（ニーズ）」とはそもそも何か、というところから考え、書き方の提案をしていきます。

② 生活全般の解決すべき課題（ニーズ）のとらえ方

生活全般の解決すべき課題（ニーズ）とは、一言でいうと「利用者の自立を阻害する要因」「その人らしい暮らしを阻害している事柄」と考えられます。具体的には、疾患によるもの、ADL の低下から起きること、環境の変化や介護力等の低下から生じることなどさまざまです。また、すでに課題になっていることや、このままの状況が続くことで課題となるであろうことも含まれます。

③ 本欄への記載内容

「ニーズ＝自立の阻害要因」であるならば、本欄に自立の阻害要因だけを書けばよいのではないか、と思うかもしれません。もちろん、自立の阻害要因を明らかにすることは重要ですが、その阻害要因が支援を受けることで解決された後の状態像を示しておくことも必要です。厚労省通知にも「波及する効果」を予測して記載するとあります。この波及する効果とは、阻害要因が解決された後の状態像（状況）を指していると考えられます。

ただし、阻害要因が解決された後の状態像（波及する効果）の記載は利用者自身が課題について自覚がある場合、また、課題を解決したいという意向がある場合に限ります。利用者自身が課題に対する自覚（認識）がない場合は、阻害要因が解決された後の状態像を示す必要はありません。なぜなら、課題を認識できていない状況であるということは、利用者は阻害要因が解決された後の状態像についても理解が難しく、ケアプランに位置づけることへの理解を得られないと考えられるためです。

Q&A　なぜ、「〇〇したい」「〇〇なりたい」と書くの？

　ニーズ欄には、ニーズが解決された後の状態像として、「〇〇したい」「〇〇なりたい」と書くように指導を受けたという声をよく聞きます。しかし、その理由を答えられる人は意外と少ないのではないでしょうか。

　「〇〇したい」「〇〇なりたい」と書くのは、ケアマネジャーが抽出した生活全般の解決すべき課題（ニーズ）に対して、利用者がそのニーズを自覚し、自分自身の生活上の目指す姿として意識できているためです。逆にいうと、利用者がニーズを認識していない、自覚が乏しい場合には、無理に「〇〇したい」「〇〇なりたい」と書く必要はありません。むしろ、不自然な表記になるため、その際は、自立の阻害要因（状態・事実）を記載します。

④ 具体的な記載方法

　②③を踏まえて、具体的な記載方法を利用者自身がニーズに対して自覚（意欲）がある場合と、利用者自身がニーズに対して認識（意欲）がない場合に分けて考えます。

● 利用者自身がニーズに対して自覚（意欲）がある場合

　利用者の自立の阻害要因（その人らしい暮らしを阻害している要因）を明確にしたうえで、利用者自身が望む自立の阻害要因の解決後の状態像を示します。

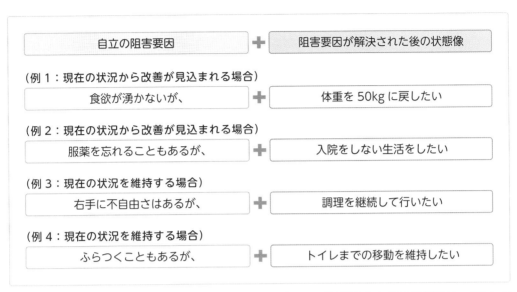

自立の阻害要因	＋	阻害要因が解決された後の状態像
（例1：現在の状況から改善が見込まれる場合） 食欲が湧かないが、	＋	体重を50kgに戻したい
（例2：現在の状況から改善が見込まれる場合） 服薬を忘れることもあるが、	＋	入院をしない生活をしたい
（例3：現在の状況を維持する場合） 右手に不自由さはあるが、	＋	調理を継続して行いたい
（例4：現在の状況を維持する場合） ふらつくこともあるが、	＋	トイレまでの移動を維持したい

※なお、利用者がニーズを自覚している場合の、阻害要因が解消された後の状態像は、「第1表 利用者及び家族の生活に対する意向を踏まえた課題分析の結果」の利用者・家族の意向と連動している場合も多いでしょう。

● 利用者自身がニーズに対して認識（意欲）がない場合

自立の阻害要因である状態像を事実として示します。

自立の阻害要因	＋	阻害要因が解決された後の状態像
（例1） お尻に床ずれ（縦4cm、横2cm）があります	＋	―
（例2） 体重が減っています（1月～6月で4kg減少）	＋	―
（例3） 足の痛みがあり、掃除・洗濯が困難な状況です	＋	―
（例4） 自宅内で転倒することがあります（9月～10月で3回）	＋	―

⑤ ニーズの優先順位のつけ方

　ニーズは優先順位の高いものから記載します。優先順位は、そのときの利用者の状況を総合的に評価したうえで設定してください。具体的には、薬が飲めないことによる疾患増悪や救急搬送、また、食事をつくれないために体重が数か月で何kgも減少しているなど命を脅かす危険がある場合は優先順位が高くなります。

　医療的なニーズを最も優先して書くように指導されたという「医療ファースト」になっているケアプランがよくみられます。しかし、現時点では疾患の状態も落ち着いており、定期的に受診できている場合、医療的なニーズの優先順位を最も高く設定する必要はありません。疾患への対応は大切ですが、常に優先順位が1位になるということではありません。

わかりにくい書き方の特徴

❶利用者の課題（ニーズ）ではなく、意向（デマンド）のみを記載していることがあります（例：○○を利用者が希望している）。

❷サービスの利用希望のみが示されていることもあります。例えば、「通所介護を週2回利用したい」というのは、「生活の課題」ではなく、その課題等を解決するための手段や頻度に対する「利用者等の望み」であるため、そもそも本欄に記載する目的とは異なるものです。

❸ニーズの内容が誰にでも当てはまる個別性のないものとなっていることがあります（例：自宅で暮らしたい、元気に暮らしたい）。その背景には、単にADLの能力評価をしている、起きている事実の原因分析が十分でないといった課題分析の不十分さがあります。利用者がもつ個別ニーズを記載することが大切です。

❹複数の課題が1つの文章に含まれていてわかりにくいことがあります。例えば、食事と排泄、掃除と入浴の課題等が同一の文章にまとめられているため、何がニーズかがわかりにくく、目標設定においてもニーズとの連動性や整合性がないという場合もあります。原則、1つずつのニーズで分け、目標やサービス内容等との連動性や利用者等へのわかりやすさを考慮した書き方を工夫してください。

わかりやすい書き方のポイント

①ニーズが何であるかが明確にわかるように記載します。

②利用者の自覚（意欲）がある場合に自立の阻害要因が解決された後の状態像（見込み）として「○○したい」「○○なりたい」と記載します。利用者にニーズに対する認識や自覚がない場合には「○○の状況にある」「○○が困難な状況」等の自立の阻害要因である状態像を記載します。

③原則、1つのニーズごとに記載します（関連のない複数のニーズを同時に併記しないようにします）。

 わかりにくい書き方の具体例

【利用者（家族）の希望（デマンド）のみで記載されている】

・入浴したい（本人）

・掃除ができないのでしてほしい

・家族の休みがほしい

【誰にでも当てはまるような内容になっている】

・安心して生活したい

・病気にならないようにしたい

・自宅で生活を続けたい

【サービスの利用希望のみが記載されている】

・週2回、デイサービスで○○事業所へ行きたい

・週3回、デイサービスを継続したい

・リハビリテーションを○○事業所でやりたい

・福祉用具（ベッド）を借りたい

 わかりやすい書き方の具体例

【個別的で具体的な内容になっている】

●**ニーズに対しての自覚（意欲）がある場合**

・ポータブルトイレを使用しているが、トイレに行けるようになりたい

・1人での外出は転倒の危険があるが、スーパーマーケットまで買い物に行きたい

・浴槽を1人でまたぐことが難しいが、自宅の浴槽で入浴したい

●**ニーズに対しての自覚（意欲）があるかわからないが解決する必要がある場合**

・床ずれが仙骨部（お尻）にあり、治療が必要です

・食事が1日1食であり体重が減少しています（4月からの6か月で3kg減少）

・水分が摂れず、脱水症状になる心配があります（過去2回、脱水症状あり）

+α 改正通知に合わせたニーズの記載手順（例）

　p.34 ～ 35 で説明したようにニーズは「自立の阻害要因」＋「阻害要因が解決された後の状態像」（自覚・意欲がある場合）で、基本的には表されます。ただし、2021（令和 3）年 3 月 31 日の改正通知のなかで新たに「具体的な方法や手段をわかりやすく記載する」という文言が加わりました。この内容を考慮すると、以下のような手順で記載できます。

①自立の阻害要因	「生活全般の解決すべき課題のとらえ方」のなかで説明したように、利用者のその人らしい暮らしを阻害している事柄
②具体的な方法や手段	自立の阻害要因を解決し、利用者が望む生活を実現するための手段（インフォーマルな支援やセルフケアを含む）
③阻害要因が解決された後の状態像（見込み）	支援によって達成が見込まれる状態像

【利用者がニーズに対して自覚・意欲がある場合】

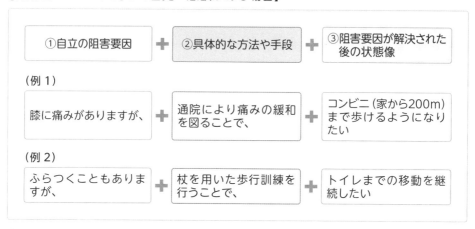

【利用者がニーズに対して認識・意欲がない場合】

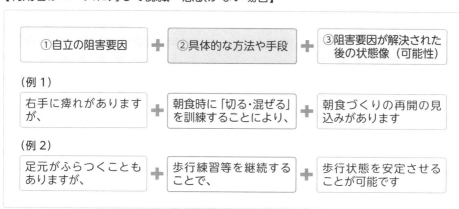

▲留意点

　注意が必要なのは、②の具体的な方法や手段です。よくある間違いとして、「通所サービスを活用することで」「デイサービスに通うことで」など介護サービスを前提とした記載となっていることがあります。また、こういった記述では介護サービスの具体的な内容がわかりません。介護サービスを活用して何を行い、どのように利用者が望む生活を実現するのか、という方法や手段がわかるようにします。

　なお、p.34 〜 35 で解説した書き方でも、本コラムのような書き方でも問題ありません。どちらも提案ですので、保険者等と相談しながら、よりよい書き方を検討ください。

2 長期目標

わかりやすい書き方と考え方

① 具体的かつ明確な記載

　基本的に個々の解決すべき課題（ニーズ）に対して、長期目標を設定します。その内
容は具体的かつ明確に記載します。抽象的であったり、曖昧な表現であったりすると読
み手の価値観によって、そのとらえ方が変動してしまうからです。さらに、目標は、利
用者がサービスを受けつつ到達しようとするゴールを指すものであり、サービス提供事
業者側の個別の行為を意味するものではないことに留意する必要があります。

② ニーズと対になる長期目標

　長期目標は、ニーズに対応して設定されています。そのため、そのニーズが明確であ
る必要があります。つまり、まずは、自立を阻害する要因を明確にしましょう。その阻
害要因に対して、介護保険サービス等を活用していくことになるため、長期目標は、ニー
ズを解決した後の状態像が明記されることとなります。

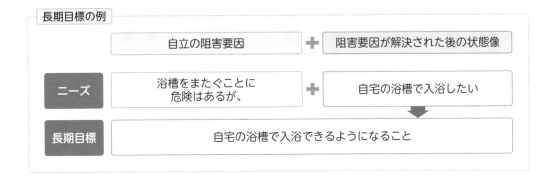

③ 実現可能な目標設定

また、目標は、「実現可能であること」を予測（判断）した設定が必要です。「達成したらいいな」という現実的ではない願望や「明らかに難しい」という内容は、利用者本人への過度な期待やプレッシャーとなります。そのような意味からもサービス担当者会議等を通じて、専門的見地から意見を得ることも重要となります。

わかりにくい書き方の特徴

❶内容に具体性や個別性がなく、誰にでも当てはまるようなものとなっています。利用者自身が何を目指して課題解決に取り組むのか、目標が具体的でないと目指すべき状況が不明瞭になり、支援者も「何となく」という曖昧な支援になります。

❷目標が本人の生活における状態像ではなく、サービス利用中における状態像となっていたり、目標ではなく利用者の意向（「○○したい、○○なりたい」という書き方）になっていたりします。

❸長期目標と短期目標の内容が全く同じなど、そもそもの目標としてふさわしくない書き方も散見されます。

わかりやすい書き方のポイント

①具体的な状態像で記載します（数値化できる目標は数値化します）。

②実現可能な状態像を記載します。

③個々のもつ価値観でとらえ方が変動するような用語の使用は避けます（例：安心・安全・健康）。

④ニーズを解決した後の状態像をイメージして具体的に設定します。

⑤基本的には解決すべき課題（ニーズ）に対応して、設定します。

 わかりにくい書き方の具体例

【誰にでも当てはまるような内容となっている】

・自宅で暮らすことができる（長期目標がこの1点のみ）

・体調管理をしながら一人暮らしが続けられる

・できる限り自宅での一人暮らしが続けられる

・病気に対する不安の軽減ができて、在宅生活が維持できる

・介護サービスを使って、在宅生活が継続できる

・活気をもって生活ができる（「活気」にあたる生活像がわからない）

【目標でなく意向になっている】

・家族の負担を軽くしながら自宅での生活を継続したい

・ショートステイを利用したい

【複数の目標が同時に表記されている】

・福祉用具を利用することで寝たり起きたりするときの転落や転倒を防ぎ、ケガなく、自宅での生活を続けることができる

・両手で支えながら歩行することで転倒を防ぎ、不安なく外出できる

・転倒せず、栄養をとりながら、自宅で生活できる

・家族の不在時に買い物と調理をしてもらい、トイレにも自分で行ける

【目標の背景となる状況が目標になっている】

・日用品の不足や家電の故障等により生活に支障がでることを予防する（その予防法として「買い物リストが作成できる」）

・友人をつくり、楽しい時間を過ごせている（それにより、「自宅で日中は起きて過ごすことができる」）

・定期的な医療管理を受けられる（それにより、「座位姿勢で食事ができる」）

【曖昧な表現や抽象的な内容になっている】

●清潔保持、整容

・居室内の環境整備ができて気持ちよく生活できる

・安全で安心な入浴ができる

・定期的にデイサービスで入浴できる

●**家事**

・自分ではできない部分を手伝ってもらい、できる家事を増やしていく

・身のまわりのことが自分でできる

・着替え、家事（洗濯・食器洗い）

●**日常生活**

・生活のなかで役割を見つけ、生活のなかに取り戻し、続ける

・規則正しい生活により、生活リズムが安定する

・ショートステイ先でできるようになったことを、自宅の生活に活かしていく

●**歩行**

・定期的に外出機会をつくり気分転換ができる

・安心して好きな散歩が続けられる

・安定した歩行ができるようになり元気でいられる

●**認知機能**

・もの忘れが悪化せず他者と協調できる

・もの忘れを進行させない

●**保健医療**

・体重の増加を予防する（体重が未記載）

・間違いなく薬が飲める

・転倒によるケガを予防する

【利用者以外の目標になっている】

・緊急連絡体制を確保し、ご本人の不安を取り除く

・継続的な医学管理により健康状態の維持を図る

ここでは、ニーズに対する予後予測として、改善が見込まれる場合と、現状の維持が見込まれる場合それぞれの書き方を記載しました。

長期目標は、ニーズと連動しています。ニーズを明確にしたうえで長期目標を記載しましょう。

【個別的で具体的な内容になっている】

● **清潔保持、整容**

・ゴミ捨てを自分で行うことができること（改善）
　ゴミ捨てを自分で行うことで、清潔な環境が継続できていること（維持）

・自分で身体を拭くことで、全身にかゆみがないこと（改善）
　自分で身体を拭くことで、全身にかゆみのない生活が継続できていること（維持）

・見守りを受けて1人で入浴できること（改善）
　見守りを受けて1人での入浴が継続できていること（維持）

・身だしなみ（ひげと頭髪）を整えることができること（改善）
　身だしなみ（ひげと頭髪）を整えることが継続できていること（維持）

● **家事**

・掃除用具を工夫して、かがむことなく床ふきを自分で行えること（改善）
　工夫した掃除用具を使用し、かがむことなく床ふきを毎日継続できていること（維持）

・洗濯（干す・取り込む・たたむ・しまう）ができること（改善）
　洗濯（干す・取り込む・たたむ・しまう）が継続できていること（維持）

・立った姿勢で自分で調理をすることができるようになること（改善）
　立った姿勢で自分で調理をすることが継続できていること（維持）

● **歩行、移動**

・杖を使用して、1人で自宅内の歩行ができるようになること（改善）
　杖を使用して、1人で自宅内の歩行が継続できていること（維持）

・屋外の段差につまずかずに歩行できること（改善）
　屋外の段差につまずかずに歩行することを継続できていること（維持）

・立ち上がりからの歩行が自力でできること（改善）
　立ち上がりからの歩行が自力で継続できていること（維持）

・1人で車の乗り降りができるようになること（改善）
　1人での車の乗り降りが継続できていること（維持）

・1人でコミュニティバスに乗り、出かけること（改善）
　1人でコミュニティバスに乗り、出かけることが継続できていること（維持）

・トイレに1人で行けること（改善）
　トイレに1人で行けることが継続していること（維持）

● **保健医療**

・嚥下（飲み込み）状態を改善し、誤嚥性肺炎を起こさないこと（改善）
　嚥下（飲み込み）状態を維持し、誤嚥性肺炎を起こさない生活を継続していること（維持）

・服薬カレンダーを活用し、飲み忘れをしないこと（改善）
　服薬カレンダーを活用し、飲み忘れがない状態が維持できていること（維持）

【数値化されている】

・適正な血糖値にすることで入院しないこと（血糖値 110mg/dL 以下）（改善）
　糖尿病が悪化しない状況を継続していること（血糖値 110mg/dL 以下）（維持）

・55kg（標準内）の体重になること（改善）
　55kg（標準内）から体重を低下させないこと（維持）

・500m 先の次女の家に歩いて行けること（改善）
　500m 先の次女の家に歩いて行けることが継続していること（維持）

・700m（最寄り駅までの距離）を休憩しながら歩行できること（改善）
　700m（最寄り駅までの距離）を休憩しながら歩行することが継続できていること（維持）

・血圧が上 120・下 80 以下になること（改善）
　血圧が上 120・下 80 以下を維持していること（維持）

・夜は 6 時間の睡眠がとれるようになること（日中に寝ない）（改善）
　夜は 6 時間の睡眠が今まで同様に継続してとれていること（維持）

③ 短期目標

　「短期目標」は、解決すべき課題及び長期目標に段階的に対応し、解決に結びつけるものである。

　緊急対応が必要になった場合には、一時的にサービスは大きく変動するが、目標として確定しなければ「短期目標」を設定せず、緊急対応が落ち着いた段階で、再度、「長期目標」・「短期目標」の見直しを行い記載する。

　なお、抽象的な言葉ではなく誰にもわかりやすい具体的な内容で記載することとし、かつ目標は、実際に解決が可能と見込まれるものでなくてはならない。

わかりやすい書き方と考え方

　個々の価値観等で受け止め方に差がでないように明確かつ具体的な表現を心がけます。例えば、「健康」や「安全」という抽象的な言葉を使うと利用者や支援者の個々の価値観や感じ方、判断によって状態像や目標像が変わってしまいます。

　短期目標は、長期目標を実現する段階的な到達点です。長期目標は、ニーズからそのときのリスクや不足しているものを明確にし、それらを補うことで到達できる状態です。それに対して、短期目標は、長期目標を達成するための段階としての状態像を記載します。

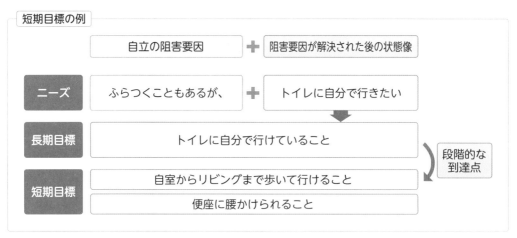

◆緊急事態でのサービス利用時の短期目標の設定

　緊急事態におけるサービス利用については、目標が確定できない場合、長期目標期間

を設定したうえで、一時的に短期目標期間を設定せず、緊急対応が必要な状態が落ち着いた段階で短期目標及び期間の設定を行うこともあります。ただし、保険者によって対応が異なるため、緊急時の具体的な取り扱いは各保険者に確認ください。

> **Q&A　「緊急事態でのサービス利用」ってどんなとき？**
>
> 　一時的に短期目標設定を行わずに対応する緊急事態とは、介護者の急な入院・死亡等に伴うサービス利用時や利用者の状態の急激な変化に伴うサービス利用時などが挙げられます。あくまでも緊急時であるため、一定程度の間には、課題分析を行い、ニーズや長期目標との整合性に配慮しながら、短期目標を設定します。
>
> 　緊急対応が落ち着いていると考えられる状況にもかかわらず、目標を見直さず、いつまでも短期目標を設定しない、ということがないよう注意してください。

✕ わかりにくい書き方の特徴

❶長期目標と短期目標の内容（文言）が全く同じになっていることがあります。

❷内容に具体性や個別性がなく、誰にでも当てはまるようなものとなっており、具体的な目標（状態像）がわかりにくくなっていることがあります。

❸長期目標と短期目標の内容に整合性がないことがあります。短期目標は長期目標を実現するための段階的な目標のため、複数の目標になることがありますが、それぞれ整合性がとれるよう留意してください。

 わかりやすい書き方のポイント

①具体的な状態像で記載します（数値化できる目標は数値化します）。

②実現可能な状態像を記載します。

③個々のもつ価値観でとらえ方が変動するような用語の使用は避けます（例：安心・安全・健康）。

④長期目標を実現するための段階的な目標（具体的な状態像）を記載します。

【誰にでも当てはまるような内容になっている】

・膝の痛みを軽減し、在宅生活を継続できる

・自分でできることは自分で行い、一人暮らしを続ける

【複数の目標が同時に表記されている】

・食事を全量食べることで、転倒時にふらつかない

・体調のよいときに簡単な調理をしたり、買い物に行ったりすることができる

【目標の背景となる状況が目標になっている】

・毎日3食の食事が確保できる（そのことにより、「適正な体重が維持されている」）

・他者との交流やレクリエーションに参加し身体を動かす（そのことにより、「スーパーマーケット（300m先）まで買い物に行ける」）

・レクリエーションや塗り絵などの楽しみの時間をもつ（そのことにより、「家族との会話が増える」）

【曖昧な表現や抽象的な内容になっている】

●**清潔保持、整容**

・安全に入浴ができ、さっぱりした気分になる

・湯船でリラックスできる

●**家事**

・重労働の家事を手伝ってもらう

・定期的に掃除ができる

●**日常生活**

・家族と離れて過ごす時間をもつ

・介助により外出し交流の機会を得る

●**歩行、移動**

・安全に歩行できる

・思い立ったとき、自分の好きなときに1人でも外出できる

・トイレの立ち上がりがしやすくなる

●**認知機能**

・もの忘れにより他人に迷惑をかけない

・もの忘れを予防し、服薬忘れを防ぐ

●**保健医療**

・痛みが軽減している

・血糖値、血圧のコントロールができる

・飲み忘れが減らせる

● **食事**

・おいしく食べられて毎日の食生活が整う

・食事の塩分を控える

・バランスのよい食事が摂れている

● **身体機能**

・通い慣れたデイサービスで運動ができ、心身とも健康になれる

・機能訓練をして維持する

【**利用者以外の目標になっている**】

・緊急時の対応ができる

・安否確認ができるようにする

・定期的に病状管理をして異常の早期発見ができる

 わかりやすい書き方の具体例

【**個別的で具体的な内容になっている**】

● **清潔保持**

・皮膚トラブル（全身のかゆみ）が起きていないこと

・髪を自分でとかすことができること

・渡された歯ブラシを持ち、自分で歯磨きができていること

・自分でタオルを持ち、左半身を拭くことができること

・お尻が赤くなったりしないこと（床ずれにならない）

・全身にかゆみ止めを自分で塗れていること

● **家事**

・洗濯物をたたみ、タンスに整理することができること

・洗濯機に脱いだ衣類を入れることができること

・ベッドのまわりを整理整頓できていること

・奥様と一緒に玄関の掃除ができていること

● **日常生活**

・足りない日用品や必要な修繕を確認し、必要物品リストがつくれること

・靴ひもが自分で結べていること

・トイレに行くときに奥様に声をかけるようになること

● **歩行、移動**

・右足を引きずらずに歩けていること

・新聞を玄関まで取りに行くことができること

・週2回以上、屋外で歩行できていること

・柵につかまりながら、寝起きや立ち上がりを自分でできること

● **食事**

・食事を半分は自分で食べられるようになること

・食事時に服薬カレンダーから薬を出せること

【数値化されている】

・ベッドから部屋の明かりのスイッチ部（約3m）まで歩けること

・自宅前の共用バケツ（約10m）にゴミを捨てることができること

・自宅からバス停（約200m）まで1人で歩くことができること

・1人でスーパーマーケット（300m先）に買い物に行くことができること

・30分程度の散歩（片道500mの公園まで）ができること

・毎日40分程度の時間をかけてコンビニへ新聞を買いに行くことができること

・体重が49kgになること

・1日2000ccの水分を飲めていること（脱水症状がない）

4）長期目標及び短期目標に付する期間

厚労省通知

　「長期目標」の「期間」は、「生活全般の解決すべき課題（ニーズ）」を、いつまでに、どのレベルまで解決するのかの期間を記載する。

　「短期目標」の「期間」は、「長期目標」の達成のために踏むべき段階として設定した「短期目標」の達成期限を記載する。

　また、原則として開始時期と終了時期を記入することとし、終了時期が特定できない場合等にあっては、開始時期のみ記載する等として取り扱って差し支えないものとする。

　なお、期間の設定においては「認定の有効期間」も考慮するものとする。

わかりやすい書き方と考え方

　長期目標の期間は、解決すべき課題（ニーズ）をいつまでに、どのレベルまで解決するのかの期間を記載します。短期目標の期間は、長期目標の達成のために踏むべき段階として設定した期限を記載します。

　長期目標、短期目標の期間ともに「年月日〜年月日」と記載することで利用者等にとってもわかりやすくなります。

　期間設定は、要介護認定の有効期間を考慮しつつ、利用者の状態や目標の内容に応じたものとします。要介護認定の有効期間を画一的に位置づけることは望ましくありません。

表　要介護認定等の認定有効期間（参照）

申請区分等	原則の認定有効期間	認定可能な認定有効期間の範囲
新規申請	6か月	3〜12か月
区分変更申請	6か月	3〜12か月
更新申請	12か月	原則3〜36か月（要介護度・要支援度が変わらない場合は3〜48か月）

わかりにくい書き方の特徴

❶利用者の状態や目標の内容に応じた期間ではなく、画一的に認定の有効期間を長期目標の期間とし、その半分を短期目標に設定していることがあります。

❷理由もなく短期目標を6か月にしていることもあります。

❸緊急事態等の理由なく、短期目標を設定していないこともあります。

❹「年月〜年月」「12か月」と曖昧、不明瞭で、明確な期間を示して目標到達を目指すという観点がないものもあります。これは、利用者等にとって期間の始まりと終わりがわかりにくいことからも望ましいとはいえません。

わかりやすい書き方のポイント

①利用者の状況と目標内容により無理のない実現可能な期間を検討・判断します。

②「年月日〜年月日」とし、明確に目標期間がわかるような表記とします。

③緊急対応（新規サービスの利用等）については、長期目標及び期間を設定し、緊急対応が必要な状態が落ち着いた段階で短期目標及び期間を設定することも検討・判断します（短期目標を設定しない場合には、居宅介護支援経過などに判断理由等を記載します）。

わかりにくい書き方の具体例

・6か月（期間の始まりと終わりがわかりにくい）
・令和4年3月〜令和4年9月（日にちが記載されていない）
・未記載

わかりやすい書き方の具体例

・令和4年3月1日〜令和4年8月31日（年月日〜年月日）
・短期目標期間は、サービス内容の期間と連動していること（p.70参照）

伊勢原市の長期目標の期間設定の取り組み

　神奈川県伊勢原市では、市オリジナルの方向性として、長期目標の期間を「原則1年以下」として運用しています。認定有効期間に合わせて3年や4年という長い期間にすることで、ケアプランの見直しが不十分になったり、形骸化したりするのを防ぐために、あえて期間を限定しています。

　なお、伊勢原市は、この運用の可否について厚生労働省に照会したうえで、実施しています。今後、地域の実情に合わせた市町村独自の取り組みがより推進されていくと思いますが、その先駆けともいえる事例です。

5 ニーズと長期目標・短期目標の整合性

目標は、「生活全般の解決すべき課題（ニーズ）」に対応して設定されるべきものです。また、解決すべき課題は、段階的に達成されるものと考えられ、ニーズ、長期目標、短期目標は整合性がとれるようにする必要があります。しかし、実際のケアマネジメントにおいて、ニーズ、長期目標、短期目標の整合性がとれていないケアプランが多くあります。そのため、ここでは、それぞれの連動性を意識した具体例を示します。

わかりやすい書き方と考え方

【例1：本人がニーズを自覚している（意欲がある）場合】

ニーズ　歩行時に転倒の不安はあるが、自分で昼食を買いに行きたい

長期目標　300m 先のコンビニまで歩行器で昼食を買いに行くことができる
（期間　令和4年1月18日～令和5年1月31日）

短期目標　100m 先の電柱まで歩行器で歩くことができる
（期間　令和4年1月18日～令和4年4月30日）

ケアプラン作成時は歩行に不安（危険）があり、買い物に行くことは難しい状況です。しかし、サービスを活用することにより、長期目標の段階的目標である短期目標は「100m 先の電柱まで歩行器で歩くことができる」（令和4年4月30日まで）と設定します。そして、「100m 歩くことができる」という段階を経て、サービスを継続すると、令和5年1月31日には、自分でコンビニまで昼食を買いに行けるようになるという長期目標を達成し、ニーズを解決することになります。

【例2：本人がニーズを認識できない（自覚がない）場合】

ニーズ　お尻（尾てい骨）に床ずれ（縦3cm・横2cm）があります

長期目標　床ずれが完治します
（期間　令和4年5月1日～令和4年10月31日）

短期目標	床ずれの大きさが縮小します（縦 2cm・横 1cm） （期間　令和 4 年 5 月 1 日〜令和 4 年 7 月 31 日）

　利用者自身は、発語や判断が難しく、意思表示が困難ですが、ケアプラン作成時で尾てい骨に床ずれ（褥瘡）があり、治療が必要な状況です。床ずれは、サポートを受けることで 6 か月後には完治が見込まれます（長期目標）。その段階的な到達点（短期目標）として、令和 4 年 7 月 31 日までに床ずれの大きさが縮小（縦 2cm・横 1cm）していることを設定します。

 整合性をとるためのポイント

①利用者のもつニーズを、いつまでにどのレベルまで解決するのか（長期目標）を判断します（期間設定もその内容に連動します）。

②ニーズを解決した状態（長期目標）は、アセスメント時の「できていること」「継続できていること」などをふまえて実現可能な範囲で検討・判断します。

③短期目標は、最終的な状態像（長期目標）に対して、段階的な到達点として設定します。長期目標を実現するためには、「いつまでに〇〇ができている（している）ことが必要」という判断をもとに具体的な状態像を設定します。

 わかりやすい書き方の具体例

【短期目標・長期目標が連動し、計画的支援になっている】

●**清潔保持**

・ニーズ⇒身体にかゆみがあり寝られないときもあるが、全身にかゆみのない生活を送りたい

　長期　⇒身体の清潔（全身にかゆみがない）が保てていること

　短期①⇒ 1 日おきに入浴できていること

　短期②⇒左手でタオルを持ち、身体を拭けること

・ニーズ⇒両腕は肩までは上がるが、自分で入浴できるようになりたい

　長期　⇒見守りを受け、自分で入浴できること

　短期①⇒背中・頭以外は、自分で洗うことができること

　短期②⇒衣類を自分で脱ぐことができること

●**家事**

・ニーズ⇒足腰に自信がないが、自分でゴミを捨てに行けるようになりたい

長期　⇒ゴミ捨て場にゴミを自分で持って行けること
　　　短期①⇒ゴミの分別ができること
　　　短期②⇒自宅から玄関までゴミを出すことができること
・ニーズ⇒退院後で体力がないが、床ふきまで自分でできるよう回復したい
　　　長期　⇒モップで床ふきを自分で行えること
　　　短期①⇒食卓やテーブルをふくことができていること
　　　短期②⇒立った姿勢を10分は継続できていること
・ニーズ⇒右手が痛むが、洗濯を自分でできるようになりたい
　　　長期　⇒洗濯（干す・取り込む・たたむ・しまう）ができていること
　　　短期　⇒見守りを受けながら、洗濯物を干すこと、取り込むことができること
・ニーズ⇒長い時間は起きていられないが、自分で調理ができるよう回復したい
　　　長期　⇒自分で調理ができるようになること
　　　短期　⇒座った姿勢で調理の下準備（洗う・切る等）ができるようになること

● **生活動作**

・ニーズ⇒左手の動きを改善させて、身だしなみは自分で整えたい
　　　長期　⇒身だしなみ（ひげと髪）を整えることができていること
　　　短期①⇒頭や口の付近まで、手を動かすことができていること（可動域を広げる）
　　　短期②⇒鏡を見て、くしを持って髪をとかせていること
・ニーズ⇒足の運びに不安定さがあるが、車の乗り降りは1人でしたい
　　　長期　⇒車の乗り降りができるようになること
　　　短期①⇒車の乗降時に車内外で介助を受けることで、車の乗り降りができている
　　　　　　　こと
　　　短期②⇒玄関から車まで歩行器で移動できていること
・ニーズ⇒長い距離を歩けないが、トイレで用足しができるよう回復したい
　　　長期　⇒トイレで用を足すことができること
　　　短期①⇒居室からトイレ（約3m）まで歩けること
　　　短期②⇒居室からリビング（約6m）まで手すりを使って移動できること
・ニーズ⇒昼に寝ることが多いが、夜に睡眠をとれる生活を取り戻したい
　　　長期　⇒夜に6時間の睡眠がとれていること（日中に寝ないこと）
　　　短期　⇒日中横になる時間が4時間から2時間になること

● **歩行、移動**

・ニーズ⇒歩行に不安があるが、スーパーマーケットまで買い物に行けるようになりたい
　　　長期　⇒1人でコミュニティバスに乗り、スーパーマーケットへ出かけられること
　　　短期　⇒バス乗り場まで行くことができること
・ニーズ⇒右足の痛みはあるが、屋内の移動は自分でできるようになりたい

長期　⇒屋内の移動が自分でできること

　　　短期　⇒付き添いにて、居室からリビングへの移動ができること

・ニーズ⇒左足の運びが悪いが、浴室に 1 人で入れるよう回復したい

　　　長期　⇒浴室に 1 人で入ることができること

　　　短期　⇒部屋から脱衣室まで移動できること

・ニーズ⇒転倒の不安があるが、屋内を杖歩行ができるようになりたい

　　　　　　（残存機能が活かされていない状況で、回復の可能性がある）

　　　長期　⇒杖を使用して屋内を歩けていること

　　　短期　⇒歩行器を使用して屋内を歩けていること

・ニーズ⇒ 150m は自分で歩けるが、最寄り駅まで歩けるようになりたい

　　　長期（12 か月）⇒最寄り駅（800m）まで歩行できていること

　　　短期（3 か月）　⇒見守りにて、屋外を 300m 歩行できること

　　　短期（6 か月）　⇒ 500m 歩行できること

● 保健医療

・ニーズ⇒服薬を忘れることがあるが、服薬を忘れない生活を送りたい

　　　長期　⇒自分で服薬カレンダーを活用し、薬が飲めていること

　　　短期　⇒声かけを受けて、服薬カレンダーから薬を取り出し、服用できている
　　　　　　こと

・ニーズ⇒糖尿病が心配だが、糖尿病が原因の入院はせずに生活したい

　　　長期　⇒糖尿病が原因で入院しないこと（空腹時の血糖値 110mg /dL 以下）

　　　短期　⇒糖尿病の薬を飲み忘れることがないこと

・ニーズ⇒食欲不振で体重が減ったが、元気に生活できる体重を取り戻したい

　　　長期（12 か月）⇒ 55kg（標準内）の体重になること

　　　短期（3 か月）　⇒体重が 50kg → 52kg になること

　　　短期（6 か月）　⇒体重が 52kg → 53kg になること

・ニーズ⇒血圧が高くめまいのあるときがあるが、めまいのない生活を送りたい

　　　長期（12 か月）⇒血圧が上 130・下 70mmHg 以下になること

　　　短期（6 か月）　⇒血圧が上 140・下 80mmHg 以下になること

図で整理するニーズと目標

1 ニーズ

● ニーズとは「自立を阻害する要因」

〈本人がニーズを自覚している（意欲がある）場合〉

自立の阻害要因	＋	阻害要因が解決された後の状態像	
例① 食欲が湧かないが、	＋	体重を平常に戻したい	（改善）
例② 服薬を忘れることがあるが、	＋	入院をしない生活をしたい	（改善）
例③ ふらつくこともあるが、	＋	トイレまでの移動を継続したい	（維持）
例④ 右手に不自由さはあるが、	＋	調理を継続して行いたい	（維持）

〈本人がニーズを認識できない（自覚がない）場合〉

自立の阻害要因	＋	阻害要因が解決された後の状態像
例① お尻に床ずれ（縦 4cm、横 2cm）があります	＋	―
例② 体重が減っています（1 月～6 月で 4kg 減少）	＋	―
例③ 足の痛みがあり家事（掃除・洗濯）が困難な状況です	＋	―
例④ 自宅内で転倒することがあります（9 月～10 月で 3 回）	＋	―

2 ニーズ＋長期目標

● ニーズと長期目標は「対（つい）」

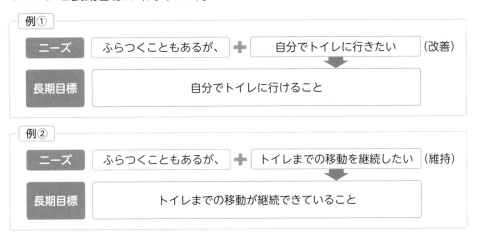

> **例①**
>
> | ニーズ | ふらつくこともあるが、 ＋ 自分でトイレに行きたい（改善） |
> | 長期目標 | 自分でトイレに行けること |

> **例②**
>
> | ニーズ | ふらつくこともあるが、 ＋ トイレまでの移動を継続したい（維持） |
> | 長期目標 | トイレまでの移動が継続できていること |

3 ニーズ＋長期目標＋短期目標

● 短期目標は、長期目標を達成するための段階的な目標

〈本人がニーズを自覚している（意欲がある）場合〉

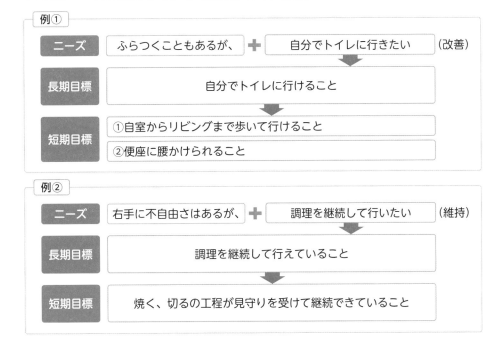

> **例①**
>
> | ニーズ | ふらつくこともあるが、 ＋ 自分でトイレに行きたい（改善） |
> | 長期目標 | 自分でトイレに行けること |
> | 短期目標 | ①自室からリビングまで歩いて行けること
②便座に腰かけられること |

> **例②**
>
> | ニーズ | 右手に不自由さはあるが、 ＋ 調理を継続して行いたい（維持） |
> | 長期目標 | 調理を継続して行えていること |
> | 短期目標 | 焼く、切るの工程が見守りを受けて継続できていること |

〈本人がニーズを認識できない（自覚がない）場合〉

例①

ニーズ	お尻に床ずれ（縦4cm、横2cm）があります ＋ ―
長期目標	床ずれがなくなっていること
短期目標	お尻の床ずれが小さくなっていること（縦2cm、横1cm）

例②

ニーズ	体重が減っています（1月〜6月で4kg減少）＋ ―
長期目標	体重が標準体重になっていること（52kg）
短期目標	体重が標準体重に近づいていること（50kg）

6　サービス内容

厚労省通知

　「短期目標」の達成に必要であって最適なサービスの内容とその方針を明らかにし、適切・簡潔に記載する。この際、家族等による援助や必要に応じて保険給付対象外サービスも明記し、また、当該居宅サービス計画作成時において既に行われているサービスについても、そのサービスがニーズに反せず、利用者及びその家族に定着している場合には、これも記載する。

　なお、居宅サービス計画に厚生労働大臣が定める回数以上の訪問介護※を位置付ける場合にあっては、その利用の妥当性を検討し、当該居宅サービス計画に訪問介護が必要な理由を記載する必要があるが、その理由を当該欄に記載しても差し支えない。

※厚生労働大臣が定める回数及び訪問介護（厚生労働省告示第218号）：
　要介護1　27回／要介護2　34回／要介護3　43回／要介護4　38回／要介護5　31回（1月につき）

わかりやすい書き方と考え方

① 支援内容のポイントを絞った記載

　サービス内容を適切・簡潔に、支援内容のポイントを絞って記載します。具体的には、「リビングの清掃・浴室の清掃」「トイレの介助」「歩行の訓練」「手指を使用したリハビリテーション」「床ずれの処置」というように記載します。

② 介護保険サービス以外のインフォーマルサポート等

　家族等によるインフォーマルサポートなど介護保険サービス以外のサービス・サポートも記載します。ただし、近隣住民等によるインフォーマルサポートをサービスとして位置づけてよいかどうかなどを利用者等に確認したうえで記載します。インフォーマルサポートを位置づける場合には、定例的なサポートであることと、月単位程度で行われていることなどが求められます（例：月1回　週2回　1日2回）。利用者自身が「していること、できていること」はセルフケアとして記載します。

③ 家族等による援助の記載時の留意点

　「家族等による援助」を意識するあまり、家族が担っているすべてのサポートを「家族の役割」にしてしまうことには注意が必要です。家族によっては、本心では（家族の都合や体力などの関係で）サポートの継続が難しいと感じていても、サービス内容に位

置づけられることで、期待に応えようと無理をしてしまう可能性もあります。

　こうした事態を防ぐために大切なのは、本人と家族の長年の関係のなかで、家族が担ってきた役割をきちんとヒアリングすることです。すでに習慣化している行為であるなら、「家族が必要以上に無理をしていないか」「客観的に見て継続が可能なのか」をチームでしっかり検討します。ヤングケアラーなどの課題が潜んでいないか、家族自身の生活面や精神面にも配慮します。

④ 給付の適正さを示す記載

　加算名（例：個別機能訓練加算）を記載する必要はありません（そもそも本欄は加算内容を記載する欄ではありません。ただし、保険者によってルールとして、加算名の記載が定められている場合、その限りではありません）。なお、各サービスについて加算を算定している場合、算定項目に対して、適正な給付であることが明確になるようなサービス内容を具体的に明記します。加算を算定しているにもかかわらず、ケアプラン上でその必要性がわからない場合、運営指導やケアプラン点検で指導の対象となることがあります。

⑤ 訪問介護を位置づける際の留意点

　生活援助中心型の訪問介護を利用する際には、生活援助とわかるように、身体介護と混同しないよう表記します。厚生労働大臣が定める回数以上の訪問介護を位置づける場合は、それが必要な理由を本欄に記載しても差し支えありませんが、簡潔明瞭な記載が望ましいでしょう。なお、第1表の生活援助中心型の算定理由欄に明記されている場合には、必ずしも本欄へ記載する必要はありません。

わかりにくい書き方の特徴

❶サービス内容が簡潔すぎるために支援内容がわからないことや（例：機能訓練）、目標に対する整合性がないことがあります。

❷介護保険以外のサービスや家族等のインフォーマルサポート、利用者がしていることやできていること（セルフケア）があるにもかかわらず、その記載がないこともあります。

❸サービス内容欄に加算名（例：入浴介助加算・個別機能訓練加算等）を記載していることがあります。サービス事業所や保険者から記載を求められることもあるようです

が、加算名を記載することは重要ではなく、加算にかかわるニーズ等が適切に設定されていることが重要です。

❹加算算定しているサービスについて、どのようなニーズ（課題）に対してサービスを提供しているのかや、なぜ加算算定する必要性があるのかといったことがわからない書き方になっていることもあります。

 わかりやすい書き方のポイント

①サービス内容が複数になる場合には❶、❷と箇条書きにするなど見え方の工夫をします。

②どこの身体部位のどのようなサービスか（例：下半身のリハビリテーション）など適切・簡潔に記載します。

③家族等によるインフォーマルサポートを記載します。

④セルフケア（本人がしていること）を記載します。

⑤インフォーマルサポートを記載する際は、サポートする人や利用者本人と相談し、明記の可否や範囲を確認します。

⑥支援内容とセルフケアの違いがわかるよう表記を工夫します。

　衣類を脱ぎ、洗濯機に入れる（サービス種別欄に「本人」と記載）

　洗剤を入れて、洗濯機をまわす（サービス種別欄に「本人」と記載）

　洗濯物干し（サービス種別欄に「訪問介護（生活援助）」と記載）

　取り込みと小さな衣類たたみ（サービス種別欄に「本人」と記載）

　大きな衣類等のたたみと整理・収納（サービス種別欄に「訪問介護（生活援助）」と記載）

⑦生活援助と身体介護が混合しないような表記とします。

　リビング・部屋の掃除（サービス種別欄に「訪問介護（生活援助）」と記載）

　買い物（コンビニ）（サービス種別欄に「訪問介護（生活援助）」と記載）

　３日分の調理（サービス種別欄に「訪問介護（生活援助）」と記載）

　洗濯物干しを一緒に実施（サービス種別欄に「訪問介護（身体介護）」と記載）

⑧加算を算定している項目につながるニーズがわかるように具体的に表記します。

 わかりにくい書き方の具体例

【簡潔すぎて支援内容がわからない】

・家事を支援します

・入浴、診察、リハビリテーション（単語のみ表記）

・個別機能訓練加算・入浴介助加算（加算名のみ表記）

わかりやすい書き方の具体例

【簡潔で具体的な内容になっている】
● **訪問介護**
・寝室・リビングの掃除を一緒にします（サービス種別欄に「訪問介護（身体介護）」と記載）
・服薬の声かけをし、服用をサポートします（サービス種別欄に「訪問介護（身体介護）」と記載）
● **リハビリテーション**
・下半身の訓練を行います（歩行）
・手指が動かしやすくなる訓練を行います
・むせ込みを予防（軽減）するための嚥下訓練を行います
● **福祉用具貸与**
・屋内で歩行できるよう4点杖を提供します
・4点杖を活用して歩行します（サービス種別欄に「本人」と記載）
・座位姿勢で過ごす時間を増やせるよう介護ベッドを提供します
・介護ベッドを活用して生活します（サービス種別欄に「本人」と記載）
・3か月に1回は用具の活用状況と用具点検をします
● **福祉用具販売**
・一人で入浴できるようシャワーチェアを提供します
・シャワーチェアを活用して入浴します（サービス種別欄に「本人」と記載）
・夜間も自分でトイレをするために、ポータブルトイレを提供します
・ポータブルトイレを活用して用足しをします（サービス種別欄に「本人」と記載）
● **住宅改修**
・一人で昇降できるよう階段の右側に手すりを設置します
・歩行器で自宅内を移動できるよう寝室からリビングに出るドアにある段差をなくし、移動範囲を拡大します
● **セルフケア**
・薬の袋を自分で開けて飲みます（サービス種別欄に「本人」と記載）
・玄関まで新聞をとりに行きます（サービス種別欄に「本人」と記載）
・入浴時には身体の前部を洗います（サービス種別欄に「本人」と記載）
・洗濯物をたたみます（サービス種別欄に「本人」と記載）
・朝と夕に自宅から200m先の公園まで往復します（サービス種別欄に「本人」と記載）
● **インフォーマルサポート**
・〇〇病院の受診に同行します（サービス種別欄に「長女」と記載）
・3丁目のサロンまで送迎します（サービス種別欄に「二男」と記載）
・夕方に訪問します（サービス種別欄に「民生委員」と記載）

- ・除雪支援隊が訪問します（サービス種別欄に「ボランティア」と記載）
- ・お尻をタオルで拭きます（サービス種別欄に「妻」と記載）

● **加算項目に対するサービス内容**

- ・身体の前面部を自分で洗えるよう、また、浴室内を移動できるようサポートします（看護師・介護福祉士）〔入浴介助加算Ⅰ〕
- ・平地と階段昇降の歩行訓練（理学療法士）〔生活行為向上リハビリテーション実施加算〕
- ・歯周病を予防する歯磨き訓練（歯科衛生士）〔口腔機能向上加算〕

 +α インフォーマルサポートの記載

　サービス内容において、「家族等による援助や必要に応じて保険給付対象外サービス」を位置づけることが明記されました。特定事業所加算（Ⅰ）（Ⅱ）（Ⅲ）および（A）においても、「必要に応じて、多様な主体により提供される利用者の日常生活全般を支援するサービスが包括的に提供されるような居宅サービス計画を作成していること」が要件となっています。

　「指定居宅介護支援等の事業の人員及び運営に関する基準について（平成11年7月29日老企第22号）」第二3（8）④では、「居宅サービス計画の作成又は変更に当たっては、利用者の希望や課題分析の結果に基づき、介護給付等対象サービス以外の、例えば、市町村保健師等が居宅を訪問して行う指導等の保健サービス、老人介護支援センターにおける相談援助及び市町村が一般施策として行う配食サービス、寝具乾燥サービスや当該地域の住民による見守り、配食、会食などの自発的な活動によるサービス等、更には、こうしたサービスと併せて提供される精神科訪問看護等の医療サービス、はり師・きゅう師による施術、保健師・看護師・柔道整復師・あん摩マッサージ指圧師による機能訓練なども含めて居宅サービス計画に位置付けることにより総合的な計画となるよう努めなければならない」とされています。

　必要でないにもかかわらず無理にインフォーマルサポートを位置づける必要はありませんが、利用者の生活を総合的に支えるために、保険給付外のサポートも積極的に活用していきます。

7 サービス種別

厚労省通知

　「サービス内容」及びその提供方針を適切に実行することができる居宅サービス事業者等を選定し、具体的な「サービス種別」及び当該サービス提供を行う「事業所名」を記載する。

　家族が担う介護部分についても、誰が行うのかを明記する。

わかりやすい書き方と考え方

　介護保険サービス、介護保険以外のサービスについては正式名称・正式事業所名を記載します。家族が行う部分は続柄（例：二女）で記載し、セルフケアの場合には「本人」と記載します。インフォーマルサポートの場合は、「友人」「隣人」など利用者との関係性もしくは「友人の鈴木さん」のように個人名で記載します。いずれにしてもインフォーマルサポートとして位置づける場合には、利用者やサポーター本人に事前に確認します。

　訪問介護の場合は「生活援助」と「身体介護」が混在しないようにします。ケアプランは利用者にわかりやすいことが前提であり、かつ正式書類ですので、略字や専門用語は使用せず、正式名称を使用します。

わかりにくい書き方の特徴

❶略語が使用されていること（例：訪看・訪介）があります。

❷続柄でなく「家族」と書かれていることがあります。

❸サービス内容が多すぎて、誰が支援するかがわからない（わかりにくい）こともあります。

❹訪問診療と居宅療養管理指導が併記されていないことがあります。訪問診療は医療保険、居宅療養管理指導は介護保険ですから、それぞれ異なる支援となりますので併記してください。

❺居宅療養管理指導が提供されていてもケアプランに位置づけられていないこともあります。必ず明記するようにしてください（給付限度額内か限度額外かは関係ありません）。

わかりやすい書き方のポイント

①利用者にわかりやすく記載します（略語は使いません（訪看・地通介））。
②続柄・間柄で記載します。
③訪問診療（医療保険）と居宅療養管理指導（介護保険）は併記します。

わかりやすい書き方の具体例

- ・〇〇の里（サービス付き高齢者向け住宅）（正式名称）
- ・〇〇の森（住宅型有料老人ホーム）
- ・訪問診療　〇〇医院
- ・居宅療養管理指導　〇〇医院
- ・三男
- ・民生委員
- ・ボランティア
- ・友人の小宮さん
- ・訪問介護（生活援助）
- ・訪問介護（身体介護）

8 頻度

厚労省通知

　「頻度」は、「サービス内容」に掲げたサービスをどの程度の「頻度（一定期間内での回数、実施曜日等）」で実施するかを記載する。

わかりやすい書き方と考え方

　頻度は、標準的に想定されている回数や時間を記載します。突発的（一時的）な変更については、理由等を居宅介護支援経過に記載します。突発的（一時的）な変更が利用者側の都合により頻回にあるようであれば、ケアプランの見直しを行います。

　週単位（月単位）の回数と実施曜日を記載します。1日に複数回実施される場合には、1日何回と記載します。「随時・必要時」ではなく、可能な限り「想定される場面や状況」を記載します。具体的には、「歩行時」「トイレ時」「睡眠時」等、その場面や状況を記載します。

　同様のサービス（例：訪問介護）を複数回にわたり利用している場合には、曜日や時間等を明記します（例：火・水　10：00～11：00）。

わかりにくい書き方の特徴

❶「必要時」と書かれているにもかかわらず、必要な状況が記されておらず、必要な理由が不明瞭なことがあります。

❷「週3～4回」「週1回～」と記載されていることがあります。なぜ3回と4回の週があるのか、またなぜ週1回でなく、1回以上の必要性があるのかがケアプランから読み取れないことがあります。

わかりやすい書き方のポイント

①日・週・月という単位で記載します。

②必要時・随時という書き方でなく、「場面や状況」を想定して記載します。

わかりにくい書き方の具体例

・随時

・必要時

・未記載

・週1〜2回（必要に応じて）

わかりやすい書き方の具体例

・週1回（火）

・月2回（第1・3の木）

・1日3回（10：00・12：00・18：00）

・月7日程度（短期入所の場合）

・トイレ時

・歩行時（福祉用具貸与　歩行器等）

・常時（福祉用具貸与　ベッド等）

9 期間

厚労省通知

　「期間」は、「サービス内容」に掲げたサービスをどの程度の「期間」にわたり実施するかを記載する。

　なお、「期間」の設定においては「認定の有効期間」も考慮するものとする。

わかりやすい書き方と考え方

　期間は、基本的に「短期目標の期間」と同一とします。その理由は、「サービス内容」に掲げる内容は、「短期目標」の達成に必要となる最適なサービスであるためです。また、期間は、年月日〜年月日で表記し、ケアプランの同意日以降が期間のスタート日となるよう留意してください。緊急対応等の場合においては、暫定的な（実施）期間として設定します。例えば、介護者の急な入院や葬儀等による短期入所等が想定されます。

わかりにくい書き方の特徴

❶長期目標の期間と同一になっていることがあります。「サービス内容」に掲げる内容は、「短期目標」の達成に必要となる最適なサービスであるため、短期目標と同一期間になります。

❷「年月日〜年月日」でなく、「6か月」といった表記になっていることがあります。利用者等にとって期間の始まりと終わりがわかりにくいことから使用しません。

わかりやすい書き方のポイント

①短期目標の期間と連動するようにします。

②期間は、年月日～年月日で表記します。

③説明・同意・交付日以降の期間設定にします。

 わかりにくい書き方の具体例

・3か月（期間の始まりと終わりがわかりにくい）

・未記載

・長期目標の期間と同一

・2022 年 1 月～5 月（日にちが記載されていない）

 わかりやすい書き方の具体例

・2023 年 1 月 1 日～ 2023 年 6 月 30 日（西暦で統一されている）

・令和 5 年 1 月 1 日～令和 5 年 6 月 30 日（元号で統一されている）

 +α　説明・同意・交付の時期

　ケアプランの説明・同意・交付は、原則として、サービス内容の期間より前（サービス開始前）に行う必要があります（指定居宅介護支援等の事業の人員及び運営に関する基準第 13 条第 10 号、第 11 号）。サービス開始後に、説明・同意・交付を行うということは、「利用者の同意がないままにケアプランを立案・実行していること」になり、運営基準減算として、所定単位数の 100 分の 50 に減算となります。運営基準減算が 2 か月以上続く場合は、所定単位数は算定されません。

　また、その期間はケアプランがないものとして、サービス利用の費用は利用者の全額自己負担となりますので、留意してください。

⑩ 福祉用具貸与又は特定福祉用具販売のサービスを必要とする理由

厚労省通知

　福祉用具貸与又は特定福祉用具販売を居宅サービス計画に位置付ける場合においては、「生活全般の解決すべき課題」・「サービス内容」等に当該サービスを必要とする理由が明らかになるように記載する。

　なお、理由については、別の用紙（別葉）に記載しても差し支えない。

わかりやすい書き方と考え方

　ケアプランに福祉用具貸与・特定福祉用具販売を位置づける場合には、その利用の妥当性を検討し、必要な理由を記載する必要があります。福祉用具は、利用者のその特性と利用者の心身の状況等を踏まえて、その必要性を十分に検討せずに選定した場合、利用者の自立支援を大きく阻害するおそれがあることから、検討の過程を記録しておく必要があります。

　「生活全般の解決すべき課題」「サービス内容」欄などに理由（ニーズ）が明らかになるように簡潔に記載します。

わかりやすい書き方のポイント

①福祉用具貸与・特定福祉用具販売を必要とする理由を記載します。
②簡潔にニーズがわかるように記載します。

わかりにくい書き方の具体例

〔生活全般の解決すべき課題に書く場合〕
・スーパーマーケットまで歩けるようになりたい（自立の阻害要因がわからない）
・褥瘡を治したい（自立の阻害要因が具体的でない）

〔サービス内容に書く場合〕
・特殊寝台（用語のみ記載）
・体位変換器（用語のみ記載）

わかりやすい書き方の具体例

〔生活全般の解決すべき課題に書く場合〕

・歩行にふらつきがありますが、1人でスーパーマーケット（自宅から300m）まで歩けるようになりたい。

・臀部（お尻）に縦4cm、横2cmの赤みがあります。

〔サービス内容に書く場合〕

・移動支援のため、車いすを貸与します。

・発赤を予防するため、床ずれ防止用具を提供します。

 住宅改修

　ケアプランに住宅改修を位置づける際は、福祉用具貸与、特定福祉用具販売と同様に、そのニーズがわかるように記載します。

　また、ケアプランを更新する際に、すでに実施済みの住宅改修については、第3表「週単位以外のサービス」等に「廊下手すり　令和4年8月設置済み」「風呂場の段差解消　令和3年10月住宅改修済」などと記しておくと、よりわかりやすいでしょう。

週間サービ

利用者名　　　　　　　　　　殿

		月	火	水	木
	0:00				
深夜	2:00				
	4:00				
	6:00				
早朝					
	8:00				
午前	10:00				
	12:00				
	14:00				
午後					
	16:00				
	18:00				
夜間	20:00				
	22:00				
深夜	24:00				
週単位以外のサービス	←	③ p.80			

ス計画表　①p.76　　　　　　　　　　　作成年月日　　　　年　　月　　日

金	土	日	主な日常生活上の活動
			②p.78

3 第3表　週間サービス計画表

1 週間サービス計画表

厚労省通知

　第2表「居宅サービス計画書 (2)」の「援助内容」で記載したサービスを保険給付内外を問わず、記載する。なお、その際、「援助内容」の頻度と合っているか留意する。

わかりやすい書き方と考え方

① 利用者の生活全体の把握

　週間サービス計画表は、利用者の1週間と24時間の基本的な予定を一目で確認できます。これは、利用者や家族、支援チームにとって、具体的に利用者の生活の全体像が把握できることとなります。

　サービス名（例：訪問介護）は時間軸、曜日軸に合わせ記載します。週単位の介護保険サービス等の公的サービスのほか、インフォーマルサポート（家族・ボランティア等）、セルフケアも記載します。

　また、サービス名は正確に記載し、略語（例：地通・訪介・訪看）は使用しません。利用者等にとってのわかりやすさを最優先してください。

② 利用者以外の世帯員のサービスの記載

　同じ世帯に複数の要介護者等がいる場合には、本人とその他の要介護者等のサービス状況をケアプランに記載します（例：本人　火・金　通所介護／妻　水・土　訪問看護）。あくまでもそのケアプランの対象である利用者のサポートが軸になりますが、仮にその利用者以外の世帯員（要介護者である妻など）に対するサービスの組み合わせにより、その利用者の生活が成り立っている場合には、本欄にわかるように位置づけることも可能です（例：要介護状態の配偶者のための訪問介護ではあるが、訪問介護員が訪問するという行為を通じて、結果的に利用者の「安否確認」になっているなど）。

わかりにくい書き方の特徴

❶「ケアプランの書き方」の基本の「き」でも記載しましたが、罫線がずれていて読みにくい（罫線に言葉が重なっている）、略語で記載されている（例：地通・訪介・訪看）など、利用者にとってわかりにくくなっていることがあります。

　上記の理由を、事業所で使用しているソフトの責任にするケアマネジャーがいますが、利用者へのわかりやすさという点において、それは理由にはなりません。

❷サービス名と事業所名の表記があったりなかったりして、統一性を欠く内容となっているものもありますので注意しましょう。

わかりやすい書き方のポイント

①サービス名を時間軸、曜日軸に合わせ記載します（事業所名は不要です。略語は使用しないようにします）。
②介護保険サービス以外のインフォーマルサポートも記載します。
③サービス名が入りきらない等の場合には、時間軸にとらわれずに記載し、時間も併記します（例：訪問リハビリテーション　13：00～14：00）。

わかりやすい書き方の具体例

・訪問介護　14：00～15：00（罫線の枠におさまらない場合は時間を明記し、罫線の枠を広くとる等の工夫をします）
・通所リハビリテーション
・配食サービス
・二女（買い物）

厚労省通知

　利用者の起床や就寝、食事、排泄などの平均的な一日の過ごし方について記載する。例えば、食事については、朝食・昼食・夕食を記載し、その他の例として、入浴、清拭、洗面、口腔清掃、整容、更衣、水分補給、体位変換、家族の来訪や支援など、家族の支援や利用者のセルフケアなどを含む生活全体の流れが見えるように記載する。

　なお、当該様式については、時間軸、曜日軸の縦横をどちらにとってもかまわない。

わかりやすい書き方と考え方

① 利用者の 1 日の生活リズムの把握

　利用者の 1 日の平均的な過ごし方について記載します。平均的な生活スケジュールを把握することで、生活の全体像がみえるだけでなく、サービスの提供時間等について、生活リズム等を加味したケアマネジメントが可能となります。具体的には、起床や就寝、食事やトイレ等だけでなく、活動量（例：散歩、30 分）についても記載します。リビングで過ごす、ベッドで寝ているという内容も暮らしの一部ととらえて把握（記載）することが望ましいといえます。夜間に何度もトイレに行っている等がある場合には、「夜間のトイレ」や「介護者の介護状況」を必要に応じて記載します。

②「家族の支援」を記載する際の留意点

　本欄の 1 番の目的は、利用者の 1 日の暮らしを明らかにすることです。したがって家族が行う支援の記入は、その必要性を判断してください。なお、「家族の支援」は第 2 表「援助内容」にインフォーマルサポートとして位置づけた場合、第 3 表「週間サービス計画表」にも記載します。そのうえで本欄にも記載が必要かどうかを検討してください。

③ 詳細な内容は追記可能

　新規利用の面接などで聞き取りが十分でない場合には、後日行う面接（モニタリング等）を踏まえて追記することもできます（軽微な変更として取り扱い可能です）。追記した場合には、追記した年月日を記入するようにしてください。

わかりにくい書き方の特徴

❶記載されていなかったり、食事のみ記載されていたりすることがあります。それは、利用者の暮らしを把握（理解）できていないということであり、利用者の暮らしのリズム等を加味したケアマネジメントになっていないということになります。

❷利用者本人の活動ではなく、支援者の行う支援内容や介護保険サービスが記載されていることもあります。ここでは、利用者の暮らしに焦点を当てることが大切であり、介護する側の予定を記入する欄ではないことに留意します。

 わかりやすい書き方のポイント

①利用者の1日の平均的な過ごし方を記載します。
②活動量についても記載します。
③単語や短文で簡潔に記載します。
④夜間のトイレ等も必要に応じて活動として記載します。

 わかりにくい書き方の具体例

【支援者の予定だけが記載されている】
・口腔ケア
・入浴介助
・夜間巡回
【食事のことのみが記載されている】
・朝食・昼食・夕食
【介護保険サービスが記載されている】
・通所介護　週3回

 わかりやすい書き方の具体例

【簡潔で活動量が示されている】
・昼食の調理（20分）
・昼寝（60分）
・屋外の散歩（30分）
・自主トレーニング（45分程度）
・トイレ（21：00頃から2時間おき）

3 週単位以外のサービス

厚労省通知

　各月に利用する短期入所等、福祉用具、住宅改修、医療機関等への受診状況や通院状況、その他の外出や「多様な主体により提供される利用者の日常生活全般を支援するサービス」などを記載する。

わかりやすい書き方と考え方

① 週単位以外の公的サービスの記載

　福祉用具や住宅改修、医療機関等への受診状況、通院状況など、一週間単位では利用しないサービスを記載します。第2表にそのサービスを位置づけた場合、記載漏れのないよう注意しましょう。

② インフォーマルサポートの記載

　上記に加えて、ボランティア等によるインフォーマルサポートも記載し、利用者を取り巻くサポートの状態の全体像がわかるようにします。インフォーマルサポートを明記する場合には、必要に応じて利用者やサポーターの承認を得るようにしてください。許可を得ていないために不和が生じたり、位置づけられたことで義務のように感じてしまったりするなどの可能性があります。

　なお、特定事業所加算（居宅介護支援）の算定にあたっては「必要に応じて、多様な主体により提供される利用者の日常生活全般を支援するサービス（インフォーマルサービスを含む）が包括的に提供されるような居宅サービス計画を作成していること」が要件となっています。

③ 世帯員の状況把握

　同じ世帯に複数の要介護者等がいる場合には（夫婦で要介護状態等）、あくまでも個々を軸にしたサポートが実践されていても、双方のサービスが組み合わされることによって生活が可能な場合には、本欄にわかるように位置づけることもできます（例：要介護の配偶者のための訪問介護ではあるが、訪問介護員が訪問するという行為だけで、結果的に利用者の「安否確認」になっているなど）。

また、本人以外の世帯員の状況が、利用者の暮らしやニーズ等に影響している場合には、可能な範囲で世帯員の状況を把握します。時に、本人の了解を得たうえで、相談支援専門員や生活保護ケースワーカー、医療機関の MSW 等から状況を確認するなどの方法も考えられます。

わかりにくい書き方の特徴

❶記載が全くない(未記載)ことがあります。記載があったとしても介護保険以外のサービスやサポート、また、頻度が書かれていないことがあります。それは、利用者の暮らしやサービス、サポートの活用状況といった生活の全体像の把握が不十分であることになります。

❷加算名(例：入浴介助加算・個別機能訓練加算)だけが羅列されていることがあります。「ソフトで勝手に反映される」と言う人も多くいますが、本欄は加算名を羅列することが目的ではなく、利用者の暮らしにおけるサービスやサポートの全体像を示すことが目的であると意識することが重要です。

わかりやすい書き方のポイント

①週単位以外の介護保険サービスや医療サービス等の公的サービスを記載します。
②週単位以外の家族やボランティア等によるインフォーマルサポートを記載します。

わかりやすい書き方の具体例

【週単位以外のサービスの記載がある】

・短期入所生活介護（月7日程度）

・訪問診療・居宅療養管理指導（〇〇医院　月2回）

・福祉用具購入（バスボード、シャワーチェア）令和5年5月

・福祉用具貸与（手すり）

・住宅改修（段差解消）令和6年4月

【受診状況や通院状況の記載がある】

・〇〇クリニック外来（月1回）

・△△整形外科外来（3か月に1回）

【インフォーマルサポート等の記載がある】

・助け合い見守りサポート（2週間に1回　民生委員）

・大きなゴミ捨てサポート（月1回　第2火　友人A）

・美容院（2か月に1回　二女）

・ネイルサロン（2週間に1回　訪問）

・カラオケ（月1回　長男家族）

ケアプランの
具体的な記載事例

標準様式を利用したケアプランの書き方

　事例は、要介護1〜2のケース、要介護4〜5のケース、多様なサービスを活用しているケース、医療サービスを中心に活用しているケース、加算を算定しているケースに分けました。世帯構成、疾患、利用サービス等、できるだけ幅広いパターンを取り扱うよう配慮しています。

　事例の内容については、本書では書き方の具体例を紹介することを主な目的としていることから、内容の整合性等よりも「書き方」に着目して参考にしていただければと思います。また、この書き方は、あくまでも一例として参考程度にみていただき、実際には利用者の状況や理解度等を総合的に判断して記載していただきたいと思います。

1 要介護1〜2のケース

　①脳梗塞後、パソコン教室に通えるよう歩行・会話能力等を改善する

　②関節リウマチの痛みをコントロールしながら、朝食・夕食の調理を目指す

　③訪問リハビリテーションを活用し、トイレに自力で行くことを維持する

　④大腿骨頸部骨折手術後、リハビリテーションを継続し、歩行能力を維持する

2 要介護4〜5のケース

　⑤がんによる痛み、食欲低下等を訪問看護の利用で支える

　⑥生活習慣病により腎機能が低下しているが、孫との外出を目指す

3 多様なサービスを活用しているケース

　⑦双極性障害への精神的ケアと誤嚥予防への医療的ケアの両面から支える

　⑧認知機能の低下による生活の困りごとを多様な社会資源で支える

④ 医療サービスを中心に活用しているケース

⑨ 服薬や食事のサポートをしながら、糖尿病の悪化を防ぐ

⑩ 膠原病による痛みをコントロールしながら、自分でできる家事を継続する

⑤ 加算を算定しているケース

⑪ 通所リハビリテーション（入浴介助加算（II）算定）を活用し、
自宅での入浴を目指す

⑫ 通所介護（口腔・栄養スクリーニング加算（I）算定）を活用し、
十分な食事が摂れるようになることを目指す

①脳梗塞後、パソコン教室に通えるよう歩行・会話能力等を改善する

男性（70代）、右片麻痺、妻と同居、要介護2
・脳梗塞により入院。右片麻痺など後遺症が残るが、退院。
・通所リハビリテーション・自主トレーニングを行い、パソコン教室に通えるよう取り組む。

第1表　　　　　　　　　　　　　　　　　　　　　　　　　　　居宅サービス

利用者名　　　　川崎　弘義　　殿　　　　　　生年月日 昭和26年　2月　1日

居宅サービス計画作成者氏名　　　　　細山　香

居宅介護支援事業者・事業所名及び所在地　　　A居宅介護支援事業所・○○県○○市

居宅サービス計画作成（変更）日　令和5年　3月　3日

認定日　令和5年　3月　1日　　　　　　　認定の有効期間　令和5年　3月　1日

要介護状態区分	要介護1	・	要介護2	・	要介護3

利用者及び家族の生活に対する意向を踏まえた課題分析の結果	（本人）病院でリハビリテーションを頑張ってきた理由は、以前のよ 　　　　一方で、1人で歩けるのかという不安があるのも本音です。 （妻）夫が、倒れてからずっとリハビリテーションを頑張ってきたの 　　　夫はもともとパソコンが得意なので、以前のようにパソコン教 （妻）歩くことに夫婦が安心できるまでは、外出も一緒に行いたい （妻）退院後、夫が自宅で不安なく過ごせるようになったら趣味の （今後の方向性）入院中にリハビリテーションを頑張ってきたのは、 　　　以前のようにパソコン教室に通えるよう、まず、 　　　終的にはご自身1人で外出できること（パソコン
介護認定審査会の意見及びサービスの種類の指定	記載なし。
総合的な援助の方針	令和5年2月に脳梗塞となり、1か月間入院をしました（令和 病院内で治療や歩行練習等に励み、退院となりました。支援チー も確認させていただきます。 主治医：○○内科（▲▲医師）○○-○○○○-○○○○（退院
生活援助中心型の算定理由	1. 一人暮らし　　　2. 家族等が障害、疾病等

計画書（1）

作成年月日 令和5年　3月　3日

⬭初回⬭・紹介・継続　　⬭認定済⬭・申請中

住所　○○県○○市

初回居宅サービス計画作成日　令和5年　3月　3日

～ 令和6年　2月29日

| ・ | 要介護4 | ・ | 要介護5 |

うにパソコン教室に通いたいという気持ちからです。

は、またパソコン教室へ通いたい、という思いがあるんだと思います。
室に通って友達と会話するなど、楽しい時間を過ごしてほしいです。
と思います。
「カラオケ」を再開したい気持ちがあります。
またパソコン教室へ通いたいという強い思いからとのことです。
自宅内で歩行（生活）できるようにし、奥様の付き添いのもと、少しずつ外出の機会を増やし、最
教室に行けること）を目指していきましょう。

5年3月2日退院）。夫婦で不安もあるなか、自宅で生活できることを目指し、
ムとしては、まず、現在の歩行状況と退院後の暮らしの不具合等を確認しつつ、奥様の心身状況

後であることから心身機能の低下が認められた際は、報告・相談します）

3.　その他　（　　　　　　　　　　　　　　　　　　　　　　　）

　　　　　　　　　　　　　　　　　　　　　　居宅サービス

利用者名　　川崎　弘義　　殿

生活全般の解決すべき課題（ニーズ）	目標			
	長期目標	（期間）	短期目標	（期間）
右足に軽い麻痺が残っていますが、短下肢装具と杖を使いながら歩行練習をすることで室内を転ばず、1人で歩きたい。	自宅内を転ぶことなく、1人で歩くことができること。	令和5年3月3日〜令和6年2月29日	自室からトイレまで1人で行けること。	令和5年3月3日〜令和5年8月31日
後遺症により、言葉がうまく出ないことがありますが、言語練習を続けることで会話力（自分の思いや考えを伝える力）を取り戻したい。	自分の思いや考えを伝えることができること。	令和5年3月3日〜令和6年2月29日	簡単な文章を作成し、自分の思いや考えを伝えることができること。	令和5年3月3日〜令和5年8月31日
			短い言葉や単語については、スムーズに言葉が出ていること。	令和5年3月3日〜令和5年8月31日
血圧の高さや麻痺側の動作に不安がありますが、自宅で入浴できるようになりたい。	見守りのもと、自宅で入浴できるようになること。	令和5年3月3日〜令和6年2月29日	血圧を毎朝自分で測定し、150/90mmHg以上の場合には医師へ報告、相談ができていること。	令和5年3月3日〜令和5年8月31日
			手伝ってもらいながら浴槽への出入りができること。	令和5年3月3日〜令和5年8月31日

※1　「保険給付の対象となるかどうかの区分」について、保険給付対象内サービスについては○印を付す。
※2　「当該サービス提供を行う事業所」について記入する。

計画書（2）

作成年月日　令和5年 3月 3日

援助内容					
サービス内容	※1	サービス種別	※2	頻度	期間
①体操に参加し、全身を動かせるよう見守ります。 ②歩く距離を伸ばせるよう歩行訓練、身体のバランスをとる訓練をします。 ③施設で行う体操を自宅で行います。 ④妻の付き添いのもと、近所の公園（片道500m）を散歩します。	○ ○	①② 通所リハビリテーション ③本人 ④本人・妻	介護老人保健施設 ○○	①②週3回 （月・木・土） ③1日2回 （起床後・就寝前） ④週2回 （火・日）	令和5年 3月3日〜 令和5年 8月31日
①言語聴覚士と一緒に文章をつくるドリルをします。 ②言語聴覚士と一緒に日記を書きます。 ③iPadにその日の出来事を入力します。	○ ○	①② 通所リハビリテーション ③本人	介護老人保健施設 ○○	①②週3回 （月・木・土） ③毎晩(19時頃)	令和5年 3月3日〜 令和5年 8月31日
①近くの席の人と話す時間をつくります。 ②歌詞カードを見ながら歌を歌い、発声できる時間をつくります。 ③パタカラ体操（口の体操）ができるようサポートします。 ④パタカラ体操を自宅で行います。	○ ○ ○	①②③ 通所リハビリテーション ④本人	介護老人保健施設 ○○	①②③週3回 （月・木・土） ④1日2回 （朝食後・夕食後）	令和5年 3月3日〜 令和5年 8月31日
①血圧の確認をし、あらかじめ主治医より提示されている数値（150/90mmHg）より著しく高い場合は主治医に相談・報告をします。 ②体温と血圧を測り、記録します。	○	① 通所リハビリテーション ②本人	介護老人保健施設 ○○	①週3回 （月・木・土） ②毎朝	令和5年 3月3日〜 令和5年 8月31日
①入浴時は、麻痺側の衣服の着脱の手伝いをします。 ②入浴に必要な動作ができるよう下半身のリハビリテーションを行います。 ③入浴時には、自分でできる着替えや洗身をします。	○ ○	①② 通所リハビリテーション ③本人	介護老人保健施設 ○○	①②③週3回 （月・木・土）	令和5年 3月3日〜 令和5年 8月31日

　　　　　　　　　　　　　　　　週間サービ

利用者名　　川崎　弘義　　殿

		月	火	水	木
深夜	0:00				
	2:00				
	4:00				
早朝	6:00	体操	体操	体操	体操
		体温・血圧測定 / パタカラ体操	体温・血圧測定 / パタカラ体操	体温・血圧測定 / パタカラ体操	体温・血圧測定 / パタカラ体操
	8:00				
午前	10:00				
	12:00	通所リハビリテーション 9：30 ～ 16：00 （入浴含む）			通所リハビリテーション 9：30 ～ 16：00 （入浴含む）
	14:00		近所の公園に 散歩（妻）		
午後	16:00				
		パタカラ体操	パタカラ体操	パタカラ体操	パタカラ体操
	18:00				
夜間		iPad 入力	iPad 入力	iPad 入力	iPad 入力
	20:00	体操	体操	体操	体操
	22:00				
深夜	24:00				

週単位以外 のサービス	○○内科通院（月 2 回　妻付き添い）　　○○総合病院脳神経外科通院（月 1 回　妻付

作成年月日　令和５年　３月　３日

金	土	日	主な日常生活上の活動
体操	体操	体操	起床
体温・血圧測定 / パタカラ体操	体温・血圧測定 / パタカラ体操	体温・血圧測定 / パタカラ体操	居室からリビングに移動、着替え、朝食
			歯磨き・服薬
			通所準備
			情報収集・インターネット
	通所リハビリテーション ９：３０〜１６：００ （入浴含む）		昼食・歯磨き
		近所の公園に 散歩（妻）	通所リハビリテーションの日は帰宅後、着替え
			妻と宅配ネット注文
パタカラ体操	パタカラ体操	パタカラ体操	居室からリビングに移動 夕食・歯磨き・服薬
iPad 入力	iPad 入力	iPad 入力	
体操	体操	体操	
			就寝

き添い）　○○クリニック歯科受診（月２回　妻付き添い）

②関節リウマチの痛みをコントロールしながら、朝食・夕食の調理を目指す

女性（80代）、関節リウマチ、長女と同居、要介護1
・関節リウマチにより、右手に痺れがある。
・同居する長女のために食事をつくってあげたいという思いがあり、訪問介護等でサポートを受けな

第1表　　　　　　　　　　　　　　　　　　　　　　　　　居宅サービス

利用者名　　　横山　登美子　殿　　　　　　生年月日 昭和 17 年　9 月 30 日

居宅サービス計画作成者氏名　　　　浅川　春子

居宅介護支援事業者・事業所名及び所在地　　　ケアステーション B・○○県○○市

居宅サービス計画作成（変更）日　令和 6 年　1 月 24 日

認定日　令和 6 年　1 月 11 日　　　　認定の有効期間 令和 5 年 12 月　3 日

要介護状態区分	（要介護1）　・　　要介護2　　・　　要介護3
利用者及び 家族の生活に対する 意向を踏まえた 課題分析の結果	（本人）右手が痺れていて、食事づくりが億劫になっています。でも、 （長女）母は元々料理が大好きな人ですが、関節リウマチになって います。そして、身体がもう少し楽になったらフェイスパック （今後の方向性）硬い食材を切ったりすることは助けを借り、調理 ど環境も見直しながら、朝食、夕食の料理がで
介護認定審査会の意見及び サービスの種類の指定	記載なし。
総合的な 援助の方針	関節リウマチを発症し、早朝に関節のこわばりや痛み、右手の痺 確実に服薬できるよう支援チーム、長女様は、サポートの際に必
生活援助中心型の算定理由	1.　一人暮らし　　　2.　家族等が障害、疾病等

がら、食事づくりができることを目指す。

計画書（1）

作成年月日 令和 6 年　1 月 24 日

住所　○○県○○市

初回居宅サービス計画作成日　令和 6 年　1 月 24 日

〜 令和 6 年 12 月 31 日

・　　要介護 4　　・　　要介護 5

本当は娘のために朝・夕の食事づくりは続けたいと思っています。

からは、料理する回数がめっきり減っています。以前のように、毎日料理ができるようになってほし

をしに連れて行ってあげたいと思います。

や味つけは自分で行っていきましょう。また、包丁などの器具も、可動性のあるものに変更するな

きることを目指しましょう。

れ、全身の倦怠感等があります。ご本人も自覚していますが、薬を飲み忘れることがあります。

ず「服薬の確認・声かけ」「痛み等の確認」を行います。

3.　その他　（　　　　　　　　　　　　　　　　　　　　　　　　）

居宅サービス

利用者名　　横山　登美子　　殿

生活全般の解決すべき課題(ニーズ)	目標			
	長期目標	（期間）	短期目標	（期間）
右手の痺れがありますが、調理訓練等をして、朝食と夕食をつくりたい。	長女のために、一汁三菜を1人で料理できていること。	令和6年2月1日〜令和6年12月31日	柔らかい食材のカット、味つけは自分でできていること。	令和6年2月1日〜令和6年5月31日
関節リウマチからくる痺れ、こわばり、倦怠感などがあるので、薬を確実に服用することで症状を軽くしたい。	痺れやこわばり等の症状が軽くなっていること。	令和6年2月1日〜令和6年12月31日	薬を忘れずに飲んでいること。	令和6年2月1日〜令和6年5月31日
			関節の痛みや痺れの変化について医師に伝えることができていること。	令和6年2月1日〜令和6年5月31日
日頃の痺れや倦怠感の症状で気分が沈むことがありますが、外出し気分転換することで、明るい気持ちで生活したい。	2か月に1度、美容室でヘアカットとフェイスパックを継続できていること。	令和6年2月1日〜令和6年12月31日	長女と一緒に電車に乗って、馴染みの美容室にヘアカットとフェイスパックをしに行くことができること。	令和6年2月1日〜令和6年5月31日

※1　「保険給付の対象となるかどうかの区分」について、保険給付対象内サービスについては〇印を付す。
※2　「当該サービス提供を行う事業所」について記入する。

計画書（2）

援助内容					
サービス内容	※1	サービス種別	※2	頻度	期間
①硬い食材のカットや下処理を手助けしながら一緒に行います。 ②手首に力が入らないときは、鍋を動かしたりお湯を入れたりなど、一緒に行います。 ③準備や後片づけを一緒に行います。 ④医師の指示のもと、持ち手が動く包丁などの器具を探し、提案します。 ⑤痛みやこわばりが和らぐよう、ストレッチなどの体操を行います。 ⑥体調、症状を確認し、リハビリテーション職とのすり合わせを行います。 ⑦スーパーマーケットに食材の買い物に行きます。 ⑧スーパーマーケットに食材の買い物に付き添います。	○ ○ ○ ○ ○ ○	①②③ 訪問介護 （身体介護） ①②③ 長女 ④⑤ 訪問看護 （作業療法士） ⑤⑥ 訪問看護 （看護師） ⑦本人 ⑧長女	○○ヘルパーステーション ○○訪問看護ステーション ○○訪問看護ステーション	①②③週 3 回 （月・水・金） ①②③週 2 回 （土・日） ④⑤ 週 1 回（火） ⑤⑥ 3 か月に 1 回 ⑦週 2 回 （木・日） ⑧週 1 回（日）	令和 6 年 2 月 1 日～ 令和 6 年 5 月 31 日
①訪問時にお薬カレンダーと本人に服薬状況を確認します。	○	①訪問介護 （身体介護） 居宅介護支援	○○ヘルパーステーション ケアステーション B	①週 3 回 （月・水・金） 月 1 回	令和 6 年 2 月 1 日～ 令和 6 年 5 月 31 日
①痛みの継続から気持ちが沈みがちにならないよう、心情を確認しながら、ストレッチを行います。 ②症状を聞き取り、必要に応じて服薬内容の変更や微調整を行います。	○	①訪問看護 （作業療法士） ②通院（長女付き添い）	○○訪問看護ステーション ○○大学病院	①週 1 回（火） ②月 1 回	令和 6 年 2 月 1 日～ 令和 6 年 5 月 31 日
①こわばり緩和の体操をします。 ②身体をさすってほぐします。 ③ヘアカットとフェイスパックに行きます。		①本人 ②本人 ③本人・長女		①毎朝 ②1 日 2 回 （朝・夜） ③2 か月に 1 回	令和 6 年 2 月 1 日～ 令和 6 年 5 月 31 日

週間サービ

利用者名　　横山　登美子　　殿

		月	火	水	木
深夜	0:00 2:00 4:00				
早朝	6:00	ストレッチ体操	ストレッチ体操	ストレッチ体操	ストレッチ体操
午前	8:00 10:00	マッサージ	マッサージ	マッサージ	マッサージ
午後	12:00 14:00 16:00	訪問介護 （身体介護）	訪問看護 （作業療法士）	訪問介護 （身体介護）	買い物
夜間	18:00 20:00	マッサージ	マッサージ	マッサージ	マッサージ
深夜	22:00 24:00				

週単位以外 のサービス	○○大学病院通院（月1回　タクシー利用、長女付き添い）　美容室でヘアカットとフェイス 居宅介護支援（月1回　ケアステーション B）

ス計画表

金	土	日	主な日常生活上の活動
			6時30分、起床
ストレッチ体操	ストレッチ体操	ストレッチ体操	こわばり緩和の体操（30分）
			朝食準備
			朝食（パン・ヨーグルト・バナナ）・服薬
			着替え、歯磨き
マッサージ	マッサージ	マッサージ	自分で身体をさすってほぐす（45分）
			麺など簡単に昼食・服薬
			午睡（30分ほど休むと身体が楽に）
訪問介護 （身体介護）	長女と掃除 （身のまわりの片づけと 棚の拭き掃除）	長女と買い物	14時〜16時頃が身体が楽
			木曜日は1人で買い物
			夕食の炊飯、味噌汁を準備
			入浴（身体が温まると楽に）
			夕食準備・夕食・服薬 （夕食片づけは長女）
			歯磨き、着替え
マッサージ	マッサージ	マッサージ	自分で身体をさすってほぐす（30分）
			温かいお湯を飲む
			21時　就寝
			（深夜は2回ほどトイレ）

パック（2か月に1回　電車で長女付き添い）　訪問看護（看護師）（3か月に1回　○○訪問看護ステーション）

③訪問リハビリテーションを活用し、トイレに自力で行くことを維持する

女性（90代）、軽度変形性膝関節症、次男夫婦と同居、要介護2
・数年前から膝の痛みがあり、歩行に不安がある。
・訪問リハビリテーションや自主トレーニングを行いながら、自室からトイレまで自力で行くことを継

第1表				居宅サービス

利用者名　　　藤沢　花子　　殿　　　　　生年月日　昭和6年11月12日

居宅サービス計画作成者氏名　　　　神奈川　愛子

居宅介護支援事業者・事業所名及び所在地　　　Cケアプランセンター・○○県○○市

居宅サービス計画作成（変更）日　令和4年　1月13日

認定日　令和2年　1月22日　　　　　　認定の有効期間　令和2年　2月　1日

要介護状態区分	要介護1　　・　　要介護2　　・　　要介護3
利用者及び家族の生活に対する意向を踏まえた課題分析の結果	（本人）膝の痛みがあり、歩行にやや不安はありますが、トイレま （本人）次男夫婦が頑張ってくれていることに感謝して、できるだけ （本人）外に出かけて人と話すのは昔から苦手だった。通うような （次男）トイレまで自分で行くことができるよう、運動や自主トレー （次男の妻）義母からの愛情を常に感じていて、サポートが必要な （今後の方向性）ご本人と次男様夫妻、双方を思い合う気持ちがよ 　　　　　　いようにしましょう。
介護認定審査会の意見及びサービスの種類の指定	記載なし。
総合的な援助の方針	変形性膝関節症があり膝に痛みがありますが、受診（治療）と運 しかし、季節の変わり目や天気等によっても、膝の痛みに変化があ 態について観察します。本人から聞き取り等を行い、膝の痛みがあ
生活援助中心型の算定理由	1.　一人暮らし　　2.　家族等が障害、疾病等

続する。

計画書（1）

作成年月日 令和 4 年　1 月 13 日

初回・紹介・継続　　認定済・申請中

住所　○○県○○市

初回居宅サービス計画作成日　令和 2 年　2 月　1 日

〜　令和 5 年　1 月 31 日

・　　要介護 4	・　　要介護 5

では自分で行きたい。

世話にならないように努力を怠らないようにしたい。

サービスは使いたくない。

ニングを頑張ってほしい。

ときは手伝う気持ちが強くあります。

く伝わります。トイレまでご自身で行けるよう運動を継続的に行い、自宅内での活動量を落とさな

動で日常生活を送れています。

るようです。支援チームとしては、通常の歩行状態を観察すると同時に、膝の痛みがあるときの状

る場合の生活方法等についても相談（提案）していきます。

3.　その他　（　　　　　　　　　　　　　　　　　　　　　　　　　　）

居宅サービス

利用者名　　藤沢　花子　　殿

生活全般の解決すべき課題（ニーズ）	目標			
	長期目標	（期間）	短期目標	（期間）
膝の痛みがありますが、運動等を継続することで、自室からトイレまで行くことを維持したい。	自室からトイレまで行くことができていること。	令和4年2月1日〜令和5年1月31日	自室内を自力で移動できていること。	令和4年2月1日〜令和4年7月31日
歩行に不安がありますが、買い物に行き、自分の目で見て、食べるものを選びたい。	買い物を継続して行えていること。	令和4年2月1日〜令和5年1月31日	玄関を出て車に乗ることができていること。	令和4年2月1日〜令和4年7月31日
			スーパーマーケット内をカートを使用して移動できていること。	令和4年2月1日〜令和4年7月31日

※1　「保険給付の対象となるかどうかの区分」について、保険給付対象内サービスについては〇印を付す。
※2　「当該サービス提供を行う事業所」について記入する。

計画書（2）

援助内容					
サービス内容	※1	サービス種別	※2	頻度	期間
①自室からトイレまでの動線上に手すりを設置します。	○	①住宅改修（令和元年7月設置済）	①○○○リフォーム	①常時	令和 4 年 2 月 1 日〜令和 4 年 7 月 31 日
②関節の柔軟性や関節周囲の筋力を保つためのストレッチ運動と自主トレーニングの指導を行います。	○	②訪問リハビリテーション	②○○○訪問リハビリテーション	②週 2 回（火・金）	
③自主トレーニングを行います（理学療法士が考えた個人メニュー）。		③本人		③1 日 2 回（朝・夕）	
①関節に負担がかからない段差昇降等の訓練を行います。	○	①訪問リハビリテーション	①○○○訪問リハビリテーション	①週 2 回（火・金）	令和 4 年 2 月 1 日〜令和 4 年 7 月 31 日
①障害物を避けながらカートが押せるような歩行訓練を行います。	○	①訪問リハビリテーション	①○○○訪問リハビリテーション	①週 2 回（火・金）	令和 4 年 2 月 1 日〜令和 4 年 7 月 31 日
②近所のスーパーマーケットに一緒に行きます。		②次男夫婦		②週 1 〜 2 回（主に水・日）	

第 **3** 章　ケアプランの具体的な記載事例

101

週間サービ

利用者名　　藤沢　花子　　殿

		月	火	水	木
深夜	0:00 2:00 4:00				
早朝	6:00	自主トレーニング	自主トレーニング	自主トレーニング	自主トレーニング
午前	8:00 10:00		訪問リハビリテーション （10：00〜10：40）	買い物（次男夫妻）	
	12:00				
午後	14:00 16:00	入浴		入浴	
		自主トレーニング	自主トレーニング	自主トレーニング	自主トレーニング
夜間	18:00 20:00 22:00				
深夜	24:00				

週単位以外 のサービス	住宅改修（手すり）（令和元年7月設置済） ○○内科医院通院（月1回　次男夫妻付き添い）　　○○整形外科通院（月2回　次男夫

ス計画表

金	土	日	主な日常生活上の活動
			起床・着替え・洗面
自主トレーニング	自主トレーニング	自主トレーニング	朝食
			歯磨き
			テレビ（30 分）
訪問リハビリテーション（10：00 ～ 10：40）		買い物（次男夫妻）	次男夫妻と買い物（主に水・日）
			昼食
			歯磨き
			買ってきたお菓子でお茶を飲む
入浴			次男妻の見守りのもと入浴（月・水・金）
自主トレーニング	自主トレーニング	自主トレーニング	
			夕食
			歯磨き
			着替え・就寝
			（夜間は 1 ～ 2 回ほどトイレ）

妻付き添い）

④大腿骨頸部骨折手術後、リハビリテーションを継続し、歩行能力を維持する

男性（80代）、大腿骨頸部骨折、認知機能の低下、妻と同居、要介護1
・転倒し、大腿骨頸部骨折で手術を受ける。
・歩行に不安があるが、妻との買い物、ボランティアとして小学生の登校時の見守りを継続できるよう

第1表　　　　　　　　　　　　　　　　　　　　居宅サービス

利用者名　　　　綾瀬　公介　　殿　　　　　生年月日 昭和 15 年　9 月　4 日

居宅サービス計画作成者氏名　　　　松風　翔太

居宅介護支援事業者・事業所名及び所在地　　　　D 居宅介護支援事業所・〇〇県〇〇市

居宅サービス計画作成（変更）日　令和 4 年　10 月 28 日

認定日　令和 4 年　10 月 16 日　　　　　認定の有効期間 令和 4 年　11 月　1 日

要介護状態区分	要介護 1 ・ 要介護 2 ・ 要介護 3
利用者及び 家族の生活に対する 意向を踏まえた 課題分析の結果	（本人）転倒（大腿骨頸部骨折）し、歩行が不安になりました。妻 （本人）20 年以上にわたり続けてきた小学生の登校時の見守り活 （妻）持病のある私のことを案じてくれている優しい夫です。少し無 （妻）通所リハビリテーションに行く日を忘れることもありますが、 （今後の方向性）奥様を労わりながら、見守り活動を続けていくた 　　　　ときには助言させてください。仮に歩行の不安が 　　　　トさせていただきます。
介護認定審査会の意見及び サービスの種類の指定	記載なし。
総合的な 援助の方針	令和 3 年 10 月にスーパーマーケットの駐車場の段差で転び骨折 転んだ主な原因は、ご本人も認識されている歩行時の「よそ見」と 十分な歩幅であるかなど歩行状態を確認します。同時に歩行時の
生活援助中心型の算定理由	1.　一人暮らし　　　2.　家族等が障害、疾病等

取り組む。

計画書（1）

作成年月日 令和 4 年 10 月 28 日

初回・紹介・継続 認定済・申請中

住所　○○県○○市

初回居宅サービス計画作成日　令和 3 年 11 月 16 日

〜 令和 7 年 10 月 30 日

|・|　要介護 4|　・|　要介護 5|

に負担をかけないよう家のなかのことは自分で行いたい。

動は続けたい。子どものいない私たち夫婦の楽しみでもあり、生きがいの一つでもあります。

理をするところがあるので無理をしすぎないよう、声をかけてほしいです。

見守り活動は何があっても忘れません。何とか続けさせてほしいです。

めにもリハビリテーションは継続していきましょう。一方で、無理をしすぎることがありますのでその

大きくなったときなどにも、見守り活動が継続できるよう、「できる方法」を奥様と一緒に考え、サポー

し、入院（手術）。リハビリテーションを経て、自宅に令和 3 年 12 月に戻られました。

「慎重さを欠いた歩行（過信していた）」といえます。支援チームとしては、背すじを伸ばした歩行姿勢・

集中力についてもサポートします。

3.　その他　（　　　　　　　　　　　　　　　　　　　　　　　）

居宅サービス

利用者名　　綾瀬　公介　　殿

生活全般の解決すべき課題（ニーズ）	目標			
	長期目標	（期間）	短期目標	（期間）
歩行に不安がありますが、歩行訓練を続けることで、買い物や見守り活動を継続したい。	妻とスーパーマーケット（自宅から400m）まで歩いて買い物に行くことが継続できていること（自宅近くの横断歩道で通学時の見守り活動を継続できていること）。	令和4年11月1日～令和5年10月31日	自宅内の移動が自分でできていること。	令和4年11月1日～令和5年4月30日

※1　「保険給付の対象となるかどうかの区分」について、保険給付対象内サービスについては○印を付す。
※2　「当該サービス提供を行う事業所」について記入する。

計画書（2）

援助内容				
サービス内容	※1	サービス種別	※2	頻度	期間
①歩行訓練（平地・屋外・障害物）をします。	○	①通所リハビリテーション	○○老人保健施設	①週 2 回（火・金）	
②スーパーマーケットまで妻と一緒に杖で歩いて行きます。		②本人・妻		②週 2 回（木・日）	
③自宅内外でリハビリテーションの自主トレーニングをします（理学療法士作成のメニュー）。		③本人		③1 日 3 回（朝・昼・夕）	令和 4 年11 月 1 日～令和 5 年4 月 30 日
④自宅近くの横断歩道で通学時の見守りを行います。		④本人・妻		④週 5 回（月～金、朝 7 時30 分）	

第 **3** 章　ケアプランの具体的な記載事例

　　　　　　　　　　　　　　　　　　　　　週間サービ

利用者名　　綾瀬　公介　　殿

		月	火	水	木
深夜	0:00 2:00 4:00				
早朝	6:00				
		登校時見守り	登校時見守り	登校時見守り	登校時見守り
午前	8:00	自主トレーニング	自主トレーニング	自主トレーニング	自主トレーニング
	10:00				
	12:00		通所リハビリテーション （10:00～16:00）		
午後	14:00	自主トレーニング		自主トレーニング	自主トレーニング
					スーパーマーケットへ 買い物
	16:00				
	18:00				
夜間	20:00	自主トレーニング	自主トレーニング	自主トレーニング	自主トレーニング
深夜	22:00 24:00				

週単位以外 のサービス	○○クリニック通院（月1回　妻付き添い）

108

ス計画表

金	土	日	主な日常生活上の活動
			起床
			歯磨き、着替え
登校時見守り			
自主トレーニング	自主トレーニング	自主トレーニング	朝食、服薬
			植木の水やり
			昼食
通所リハビリテーション （10：00 ～ 16：00）	自主トレーニング	自主トレーニング	
	スーパーマーケットへ 買い物		
			入浴、着替え
			夕食、服薬
自主トレーニング	自主トレーニング	自主トレーニング	歯磨き
			就寝

 **要介護4～5のケース**

⑤がんによる痛み、食欲低下等を訪問看護の利用で支える

女性（80代）、大腸がん、三女と同居、要介護5
・ステージ4の大腸がん。1日中ベッド上で過ごしており、三女が介護の中心を担う。
・痛み、食欲低下がみられるが、訪問看護・訪問診療等を活用しながら、自宅での生活を継続する。

| 第1表 | 居宅サービス |

利用者名　　　伊勢原　まり子　殿　　　　　生年月日 昭和17年　1月　3日

居宅サービス計画作成者氏名　　　　　大山　日向子

居宅介護支援事業者・事業所名及び所在地　　　E居宅介護支援事業所・○○県○○市

居宅サービス計画作成（変更）日　令和4年　3月23日

認定日 令和4年　3月15日　　　　　認定の有効期間 令和4年　4月　1日

要介護状態区分	要介護1　・　　要介護2　・　　要介護3
利用者及び 家族の生活に対する 意向を踏まえた 課題分析の結果	（本人）①最期まで自宅で暮らしたいと思います。お腹に管を入れ ②お風呂に入りたいけれど、今はお腹や背中が痛いときも ③先生や看護師さんに来ていただけて、不安なことなども （三女）①自分がどこまでできるか不安もありますが、母の「自宅で」 ②食べる量が少なくなっていることが心配なので、食事の ③家族として心配なときに先生や看護師さんに相談・連絡 （今後の方向性）病気（大腸疾患）の進行等により、「ご本人の体 ルしながら、自宅で過ごせるようサポートします。
介護認定審査会の意見及び サービスの種類の指定	記載なし。
総合的な 援助の方針	身体の痛みなどもあり、令和4年3月上旬から食事の量が少なく いきます。痛みや身体の状況をみながら、入浴も検討していきます。 体調に変化がみられるときは、主治医（○○クリニック　○○○ ○○）の指示を受けます。腹部や背中の痛みが鎮痛剤を服用して
生活援助中心型の算定理由	1.　一人暮らし　　　2.　家族等が障害、疾病等

計画書（1）

作成年月日 令和 4 年　3 月 23 日

初回・紹介・⦅継続⦆　⦅認定済⦆・申請中

住所　○○県○○市

初回居宅サービス計画作成日　令和 2 年　5 月 25 日

〜 令和 5 年　3 月 31 日

・　　要介護 4　　　・　⦅要介護 5⦆

るのは嫌です。口から食べたい。

あり不安です。身体を拭いてもらえればいいです。

聞けているので気持ちが楽です。

という気持ちに添えればと思います。

量や水分の量には気をつけていきたいです。

できる体制は今後もお願いしたいです。

調や気持ち」「ご家族の気持ち」が変わることもあるかと思いますが、お腹や背中の痛みをコントロー

体重の低下もみられるため、食事量や水分量には気をつけていきましょう。

なっています。支援チームとしては、痛みの状況、食事と水分の量、皮膚の状態を確認・観察して

－○○○○－○○○○) もしくは訪問看護 (訪問看護ステーション○○　○○－○○○○－○○

も軽減しない場合は要連絡。

3.　その他　(　　　　　　　　　　　　　　　　　　　　　　　　　)

居宅サービス

利用者名　　伊勢原　まり子　　殿

生活全般の解決すべき課題（ニーズ）	目標			
	長期目標	（期間）	短期目標	（期間）
令和4年3月上旬より、食事の量が減少していますが、1日に必要な食事量・水分量を摂ることで体重の減少を予防します。	体重が43kgを維持できていること（BMI値18.5以上）。	令和4年4月1日〜令和4年7月31日	食欲の波があっても、40kg以下にならないこと。	令和4年4月1日〜令和4年5月31日
病状により、腹部や背部に痛みがありますが、医療サポートを受けることで、痛みの調整をしたい。	痛みをコントロールできているときは、食事時、30分はベッドで座ることが維持できていること。	令和4年4月1日〜令和4年7月31日	日中にベッド上で座ることができること（15分〜30分程度）。	令和4年4月1日〜令和4年5月31日
心身の痛み等により入浴をすることが難しい状態ですが、身体の衛生状態を維持したい。	床ずれがなく、衛生的な身体状態で生活していること。	令和4年4月1日〜令和4年7月31日	その日の心身状況に応じた入浴（清拭・足浴）ができていること。	令和4年4月1日〜令和4年5月31日

※1　「保険給付の対象となるかどうかの区分」について、保険給付対象内サービスについては○印を付す。
※2　「当該サービス提供を行う事業所」について記入する。

作成年月日　　令和4年　3月23日

援助内容					
サービス内容	※1	サービス種別	※2	頻度	期間
①診察をします。栄養状態や食事・水分の摂取量を確認します。 ②栄養状態や食事・水分の摂取に関する助言等をします。 ③体重測定をします。 ④食事・水分の摂取状況や飲み込みの状況、排泄の状況を確認します。 ⑤食事・水分の摂取状況を確認します。食事やおやつの時間に限らず、栄養や水分が補給できるようにします。 ＊令和4年3月23日現在、BMI値は17.0です。 ＊食事量により、栄養補助飲料を検討します。	○ ○ ○ ○	①② 訪問診療 居宅療養管理指導（医師） ③④ 訪問看護 ⑤三女	①② ○○クリニック ③④ 訪問看護ステーション○○	①② 月2回 ③週1回（月） ④週2回 （月・金） ⑤1日6回 （食事時、10時、15時、就寝時）	令和4年4月1日〜令和4年5月31日
①診察、痛みの状況を確認し、薬を処方します。 ②痛みに関する不安など、本人・家族の不安・相談ごとを伺い、助言します。 ③血圧・脈拍・体温を測定し、痛みの状況を確認します。 ④痛みの状況を観察します。 ＊令和4年3月23日現在、腹部と背部に痛みがありますが、服薬により痛みに対応しています。	○ ○ ○	①② 訪問診療 居宅療養管理指導（医師） ③訪問看護 ④三女	①② ○○クリニック ③訪問看護ステーション○○	①② 月2回 ③週2回 （月・金） ④1日4回 （食事時、就寝時）	令和4年4月1日〜令和4年5月31日
①入浴・清拭・手浴・足浴をします。 ②皮膚トラブルの有無等、皮膚の状況を確認します。 ③寝返りをします。 ④寝返りの声かけをします。 ＊令和4年3月23日現在、時々仙骨部が赤くなります。	○ ○	①② 訪問看護 ③本人 ④三女	①②訪問看護ステーション○○ ③本人	①②週2回 （月・金） ③2〜3時間おき ④食事後、トイレ後	令和4年4月1日〜令和4年5月31日

113

　　　　　　　　　　　　　　　　　　週間サービス

利用者名　　伊勢原　まり子　　殿

		月	火	水	木
深夜	0:00				
	2:00				
	4:00				
早朝	6:00	食事量・水分量・痛みの確認（三女）			
午前	8:00				
	10:00	食事量・水分量の確認（三女）			
午後	12:00	食事量・水分量・痛みの確認（三女）			
	14:00				
		食事量・水分量の確認（三女）			
	16:00	訪問看護 16：00 ～ 17：00			
夜間	18:00	食事量・水分量・痛みの確認（三女）			
		食事量・水分量・痛みの確認（三女）			
	20:00				
深夜	22:00				
	24:00				
週単位以外 のサービス		居宅療養管理指導（医師）・訪問診療（○○クリニック　月2回（第2・第4水曜日））			

金	土	日	主な日常生活上の活動
			（２〜３時間おきに寝返り）
			起床・洗面・着替え
			朝食　歯磨き
			ベッド上で音楽やラジオを聴く
			おやつ・お茶
			昼食　歯磨き
			昼寝
			おやつ・お茶
			その後、体調がよいときは、ベッド上でテレビ鑑賞
訪問看護 16：00 〜 17：00			
			夕食　歯磨き
			就寝 ＊就寝後、起床の間に２回〜３回トイレに行きます。 トイレ後はトイレ前と反対側の向きで寝ます。

⑥生活習慣病により腎機能が低下しているが、孫との外出を目指す

女性（70代）、腎機能低下、夫と同居、要介護4
・糖尿病や高血圧症により腎機能が低下している。同居している夫は持病がある。
・孫とショッピングセンターに行くことを目指し、生活習慣の改善、脱水症状の予防等に取り組む。

第1表 　　　　　　　　　　　　　　　　　　　居宅サービス

利用者名　　　小松　秋子　　殿　　　　　生年月日 昭和 27 年　3 月　1 日

居宅サービス計画作成者氏名　　　　笹島　愛

居宅介護支援事業者・事業所名及び所在地　　　F 居宅介護支援事業所・○○県○○市

居宅サービス計画作成（変更）日　令和 4 年　5 月 20 日

認定日　令和 4 年　5 月 17 日　　　　認定の有効期間 令和 4 年　6 月　1 日

要介護状態区分	要介護1　　・　　要介護2　　・　　要介護3
利用者及び 家族の生活に対する 意向を踏まえた 課題分析の結果	（本人）①透析をしないで済むように生活したい。 　　　　②疲れやすく、足のむくみや痺れ、痛みもあるので今は （夫）①本人の思いは痛いほどよくわかるので、透析をしない生活 　　　②孫も小学生になり一緒に出かけたいと言ってくれています。 （今後の方向性）人工透析を回避するために、食事療法や運動療 　　　　脱水症状により腎臓の機能が低下することもあり 　　　　お買い物や映画を楽しむことを目指しましょう。
介護認定審査会の意見及び サービスの種類の指定	記載なし。
総合的な 援助の方針	糖尿病と高血圧症により腎機能が低下しており、全身倦怠感（だ チーム方針としては、「食事の状況」「運動（活動）の状況」を確認 示に従って行うことで、体力・筋力をつけて家族とショッピングセン ○○内科医院（月 2 回　訪問診療）　○○○○−○○−○○○ だるさや痛み、水分量の減少等の不調により、言葉が出ない（会
生活援助中心型の算定理由	1.　一人暮らし　　2.　家族等が障害、疾病等

計画書（1）

作成年月日 令和 4 年　5 月 20 日

初回・紹介・⟨継続⟩　　⟨認定済⟩・申請中

住所　○○県○○市

初回居宅サービス計画作成日平成 29 年　9 月　4 日

〜 令和 5 年　5 月 31 日

・　⟨要介護 4⟩　・　　要介護 5

1 人で歩けないが、よくなったらショッピングセンターに長女と孫と一緒に出かけたい。

を続けてほしいと思います。

本人もその言葉を励みにしているので、外出できるようになってほしい。

法を取り入れながら生活習慣の改善を図ります。特に、急に暑くなるこの時期（令和 4 年 6 月）は、

ますので意識してこまめに水分をとるようにしましょう。そして、お孫さんとショッピングセンターで

るさ）や足のむくみ、痺れ、痛みなどの自覚症状がある状態です。

させていただき、必要に応じて助言いたします。食事療法や血圧管理、運動療法などを医師の指

ターに出かけられるようサポートします。

○　　麻沙子様（長女：宮城県在住）○○○−○○○−○○○○

話にならない）場合には医師に報告し、対応の指示を受けます。

3.　その他　（　　　　　　　　　　　　　　　　　　　　　　　　　　　）

居宅サービス

利用者名　　小松　秋子　　殿

生活全般の解決すべき課題(ニーズ)	目標			
	長期目標	(期間)	短期目標	(期間)
腎機能が低下していますが、透析にならないよう、糖尿病の合併症を予防したい。	糖尿病の合併症を予防し、透析にならずに過ごせていること。	令和4年6月1日〜令和4年12月31日	空腹時血糖値が110 mg /dL 未満であること。	令和4年6月1日〜令和4年9月30日
腎機能を悪化させないため、脱水症状に注意する必要があります。	1日1L 以上水分を摂り、脱水症状になることなく、過ごせていること。	令和4年6月1日〜令和4年12月31日	1日1L 以上、水分を摂ることができていること。	令和4年6月1日〜令和4年9月30日
足のむくみや痺れがありますが、娘と孫とショッピングセンターに出かけたい。	ショッピングセンターに行き、買い物や映画を楽しむことができること。	令和4年6月1日〜令和4年12月31日	手引き歩行にて居室からトイレまでの移動ができること。	令和4年6月1日〜令和4年9月30日
体力に不安がありますが、湯船につかり温まりたい。	自分で浴槽をまたぎ、湯船につかり入浴できること。	令和4年6月1日〜令和4年12月31日	介助を受けながら、湯船につかり入浴できること。	令和4年6月1日〜令和4年9月30日

※1　「保険給付の対象となるかどうかの区分」について、保険給付対象内サービスについては○印を付す。
※2　「当該サービス提供を行う事業所」について記入する。

計画書（2）

援助内容					
サービス内容	※1	サービス種別	※2	頻度	期間
①身体状況（血圧、血糖値）の観察、療養指導をし、相談にのります。 ②服薬の状況の確認、服薬指導をします。 ③食事内容・量の確認、指導をします。 ④運動量の確認、指導をし、相談にのります。	○ ○ ○ ○	①② 居宅療養管理指導（医師）訪問診療 ②③④ 訪問看護	①②○○○ クリニック ②③④○○ 訪問看護ステーション	①②月2回 （第1・第3火） ②③④週1回 （火）	令和4年 6月1日～ 令和4年 9月30日
①水分量、トイレの状況を確認します。 ②こまめに水分を摂るよう声かけをします。 ③入浴前後に水分が摂れているか確認します。	○ ○ ○	①訪問看護 ②訪問介護（生活援助） ③訪問入浴介護	①○○○訪問看護ステーション ②○○ヘルパー事業所 ③○○訪問入浴介護事業所	①週1回（火） ②週2回（水・土） ③週3回（月・水・金）	令和4年 6月1日～ 令和4年 9月30日
①居室内を移動できるよう介護ベッドとサイドレールの設置、用具の選定・調整、定期点検をします。 ②自室からトイレまでの動線確保（掃除・洗濯）、居室の環境整備の助言をします。 ③手引き歩行にて、自室からトイレまでの移動を補助します。 ④訪問看護で教えてもらった座ってできる下半身の体操をします。	○ ○	①福祉用具貸与 ②訪問介護（生活援助） ③夫・長女 ④本人	①○○○福祉用具レンタル事業所 ②○○ヘルパー事業所	①常時 ②週2回（水・土） ③トイレ時 ④週4回（火・木・土・日）	令和4年 6月1日～ 令和4年 9月30日
①入浴支援（浴室内の移動、洗髪・洗身（手の届くところ以外）、ドライヤー、ヘアセット）をします。 ②手の届くところを洗います。 ③ドライヤーをした後、ヘアオイルをつけてセットします。 ④ドライヤーで髪を乾かす補助をします。	○	①訪問入浴介護 ②③本人 ④夫	①○○○訪問入浴介護事業所	①週3回（月・水・金） ②③週3回（月・水・金） ④週3回（月・水・金）	令和4年 6月1日～ 令和4年 9月30日

　　　　　　　　　　　　　　　　　　　週間サービ

利用者名　　小松　秋子　　殿

		月	火	水	木
深夜	0:00 2:00 4:00				
早朝	6:00				
午前	8:00 10:00			訪問介護（洗濯・掃除）	
			訪問看護		
午後	12:00 14:00		下半身の体操		下半身の体操
	16:00				
		訪問入浴介護		訪問入浴介護	
夜間	18:00 20:00				
深夜	22:00 24:00				
週単位以外 のサービス		居宅療養管理指導（医師）・訪問診療○○クリニック（月２回　第１・第３火）、福祉用具			

120

ス計画表

金	土	日	主な日常生活上の活動
			起床・着替え
			朝食、服薬
			歯磨き
	訪問介護（洗濯・掃除）		
			お茶を飲む
			昼食
			歯磨き
	下半身の体操	下半身の体操	
訪問入浴介護			ドライヤーで髪を乾かす補助（夫）
			スマホチェック
			夕食、服薬
			着替え・歯磨き
			就寝

貸与（介護ベッド・サイドレール）

⑦双極性障害への精神的ケアと誤嚥予防への医療的ケアの両面から支える

女性（70代）、双極性障害、一人暮らし、要介護3
・双極性障害により気持ちに波があるが、当事者会への参加等で落ち着いて過ごせることを目指す。
・過去に誤嚥性肺炎で入院した経験もあるため、誤嚥予防に努める。

第1表　　　　　　　　　　　　　　　　　　　　　　　　　居宅サービス

利用者名　　坂本　よしこ　殿　　　　　生年月日昭和21年　4月11日

居宅サービス計画作成者氏名　　　　栃木　葉

居宅介護支援事業者・事業所名及び所在地　　ケアプランセンターG・○○県○○市

居宅サービス計画作成（変更）日　令和4年　3月23日

認定日　令和3年　9月　1日　　　　　認定の有効期間　令和3年10月　1日

要介護状態区分	要介護1　　・　　要介護2　　・　　要介護3
利用者及び 家族の生活に対する 意向を踏まえた 課題分析の結果	（本人）①支援を受けたい気持ちはあります。でも、あまりかかわっ 　　　　②○○サークル（当事者会）は好きなので行きたいけれど、 （長男）①家族は自分だけなので、肺炎で急に入院したとき（令和 　　　　てほしいと思っています。 　　　　②持病によりほかの人に対して強い言葉で話すこともあり 　　　　はいつでも受けますし、連休には行くようにします。 （今後の方向性）40代からの持病によって気分の浮き沈みがあり 　　　　ることを目指していきましょう。
介護認定審査会の意見及び サービスの種類の指定	記載なし。
総合的な 援助の方針	40代からの持病により気分の浮き沈みがありますが、慣れた環境 支援方針として、心身状態の変化に早く気づけるよう「顔色・会話（内 必要なサポート量や内容も心身状況に応じて変化する可能性を視 の家族（長男）と本人の関係（家族間の絆）も大切にします。 〔精神的ケア〕○○病院○○医師（000-000-00）〔内科的ケ
生活援助中心型の算定理由	1.　一人暮らし　　2.　家族等が障害、疾病等

計画書（1）

作成年月日 令和 4 年　3 月 23 日

初回・紹介・⦅継続⦆　⦅認定済⦆・申請中

住所　○○県○○市

初回居宅サービス計画作成日 平成 25 年　8 月　2 日

～ 令和 6 年　9 月 30 日

・	要介護 4	・	要介護 5

てほしくないとも思います。

無理をしてまで行くのは嫌です。

3 年 12 月）は、仕事を調整して他県から行くことが大変でした。できるだけ、入院せずに過ごし

ますが、近所とも交流がある今の家で支援を受けながら、暮らせるとよいと思います。電話連絡

ますので、今まで同様に精神的なサポートを受けながら、浮き沈みの状況に対応した生活ができ

で支援を受けながら自宅での生活を継続されています。

容・積極性）」に配慮します。その内容によっては、主治医に報告しながらサポートします。同時に、

野に入れておきます。また、○○クリニックが行っている ICT（○○ネットワーク）を活用し、遠方

ア）○○クリニック○○医師（000-000-00）　長男○○（携帯 000-000-000）

3.　その他　（　　　　　　　　　　　　　　　　　　　　　　　　　）

　　　　　　　　　　　　　　　　　　　　　　　　　　居宅サービス

利用者名　　坂本　よしこ　　殿

生活全般の解決すべき課題（ニーズ）	目標			
	長期目標	（期間）	短期目標	（期間）
1人で外出する気力がないことがありますが、○○サークルに通いたい気持ちがあります。	○○サークル（通院先クリニック内の当事者会）に休まず参加できること。	令和4年4月1日〜令和5年3月31日	朝起きて、外出する支度（食事・身支度）ができること。	令和4年4月1日〜令和4年9月30日
気分の浮き沈みによって不眠になり体調がすぐれないときがあります。	日中は起きて生活できていること。	令和4年4月1日〜令和5年3月31日	不安があるときは医師等に相談できていること。	令和4年4月1日〜令和4年9月30日
			布団に入ってから5時間前後は眠れていること。	令和4年4月1日〜令和4年9月30日
食事時にむせがありますが、誤嚥による肺炎の再発を予防したい。	食事時にむせることなく、肺炎にならずに過ごせていること。	令和4年4月1日〜令和5年3月31日	むせずに食事を摂ることができること。	令和4年4月1日〜令和4年9月30日

※1　「保険給付の対象となるかどうかの区分」について、保険給付対象内サービスについては〇印を付す。
※2　「当該サービス提供を行う事業所」について記入する。

計画書（2）

援助内容					
サービス内容	※1	サービス種別	※2	頻度	期間
①朝食の提供。 ②着替え、朝食、歯磨き時の見守り、声かけ。 ③○○サークルへの送迎の付き添い。 ④見守り、声かけを受けて、朝の身支度を行います。	○ ○ 　 	①② 訪問介護 （生活援助） ③移動支援 事業（障害福祉サービス） ④本人	①②○○ 訪問介護セ ンター ③○○ガイ ドサービス	①②週 4 回 （月・水・木・土） ③週 1 回（木） ④週 4 回 （月・水・木・土）	令和 4 年 4 月 1 日〜 令和 4 年 9 月 30 日
①睡眠状況、精神状態を診察し、近況を確認します。 ②訪問し、相談にのります。 ③週末に電話し、その週の出来事や不安を聞き取ります。		①外来受診 ②民生委員 ③長男	①○○メンタルクリニック ②○○民生委員児童委員協議会	①2 か月に 1 回 （偶数月） ②年 2 回 ③週 1 回（日）	令和 4 年 4 月 1 日〜 令和 4 年 9 月 30 日
①睡眠状況・服薬状況を確認し、不安な気持ちを傾聴します。 ②服薬状況を確認し、処方内容を調整します。	○ ○	①訪問看護 ②居宅療養管理指導（薬剤師）在宅患者訪問薬剤管理指導	①○○訪問看護ステーション ②○○薬局	①週 1 回（金） ②月 1 回 （第 1 水）	令和 4 年 4 月 1 日〜 令和 4 年 9 月 30 日
①口腔状態の確認と評価・指導、食形態の提案。 ②口や舌を動かす体操の指導。 ③嚥下機能状態に応じた朝食の提供。 ④食事時の見守り。 ⑤嚥下機能状態に応じた夕食の提供。 ⑥せき・痰の状態確認など身体状況の診察。 ⑦口腔内の確認、歯磨き指導。 ⑧通院時の送迎。 ⑨本人と相談して嚥下しやすい食材を選び、ネットスーパーで注文します。 ⑩ネットスーパーで注文した食材で、むせずに食べられる食事をつくります。 ⑪訪問看護で教えてもらった口の体操をします。	○ ○ ○ ○ ○	①②訪問看護 ③④訪問介護（生活援助） ⑤宅配弁当 ⑥通院（内科） ⑦通院（歯科） ⑧訪問介護（通院等乗降介助） ⑨長男 ⑩本人 ⑪本人	①②○○訪問看護ステーション ③④○○訪問介護センター ⑤○○弁当 ⑥○○病院 ⑦○○歯科医院 ⑧○○訪問介護センター	①②週 1 回（火） ③④週 4 回 （月・水・木・土） ⑤週 4 回 （月・水・木・土） ⑥月 1 回 ⑦3 か月に 1 回 ⑧通院時 ⑨週 1 回（日） ⑩毎日 ⑪1 日 2 回 （朝・夕の歯磨き後）	令和 4 年 4 月 1 日〜 令和 4 年 9 月 30 日

週間サービ

利用者名　坂本　よしこ　殿

		月	火	水	木
深夜	0:00 2:00 4:00				
早朝	6:00				
午前	8:00 10:00	訪問介護	 訪問看護 10：00-11：00	訪問介護	訪問介護 ○○サークル （移動支援事業）
午後	12:00 14:00 16:00	宅配弁当受け取り		宅配弁当受け取り	宅配弁当受け取り
夜間	18:00 20:00				
深夜	22:00 24:00				
週単位以外 のサービス		○○メンタルクリニック通院（2か月に1回　通院等乗降介助）　○○病院内科通院（月1 在宅患者訪問薬剤管理指導（○○薬局　月1回） 高齢者見守り登録による訪問・声かけ（民生委員　年2回）			

ス計画表

作成年月日　令和4年　3月23日

金	土	日	主な日常生活上の活動
			起床
	訪問介護		朝食　歯磨き　口の体操
			着替え　ごみ出し
			昼食　歯磨き
		長男と電話	
		ネットスーパーに注文	ネットスーパーで注文した品の受け取り
	宅配弁当受け取り		
訪問看護16：00-16：30			
			入浴（週2回　月・金）
			夕食　歯磨き　口の体操
			着替え　就寝
			（深夜は1回程トイレ）

回　通院等乗降介助）　○○歯科医院通院（3か月に1回　通院等乗降介助）　居宅療養管理指導（薬剤師）・

⑧認知機能の低下による生活の困りごとを多様な社会資源で支える

男性（80代）、軽度認知障害、一人暮らし、要介護1
・認知機能が低下しており、高血圧の薬を飲み忘れてしまうことがある。
・金銭管理も難しくなってきている。日常生活自立支援事業やボランティア等活用し、地域のなかでの

第1表	居宅サービス

利用者名　　　　山田　孝　　殿　　　　　　生年月日 昭和 17 年　1 月 19 日

居宅サービス計画作成者氏名　　　　佐藤　貴子

居宅介護支援事業者・事業所名及び所在地　　　H 居宅介護支援事業所・○○県○○市

居宅サービス計画作成（変更）日　令和 4 年　3 月 12 日

認定日　令和 4 年　3 月　9 日　　　　　　認定の有効期間 令和 4 年　4 月　1 日

要介護状態区分	要介護 1 ・ 要介護 2 ・ 要介護 3
利用者及び家族の生活に対する意向を踏まえた課題分析の結果	（本人）①薬を飲み忘れることがあるようです。時々、どの薬をどう ②近所の人はみんな親切だから、暮らしやすいです。最近、 　自分の唯一の楽しみだから続けたいです。 （今後の方向性）薬の量が多く、わからなくなることや不安になるこ う。また、唯一の楽しみといわれる「買い物」は
介護認定審査会の意見及びサービスの種類の指定	記載なし。
総合的な援助の方針	服薬を忘れることがあります。本人も自覚していますので、「服薬
生活援助中心型の算定理由	1．一人暮らし　　　2．家族等が障害、疾病等

生活を維持する。

計画書（1）

作成年月日　令和 4 年　3 月 12 日

初回・紹介・⟨継続⟩　　⟨認定済⟩・申請中

住所　　○○県○○市

初回居宅サービス計画作成日　令和 3 年　3 月 20 日

〜 令和 7 年　3 月 31 日

・　　要介護 4　　　・　　要介護 5

やって飲むのかがわからなくなったりして不安です。

お金がすぐになくなってしまいます。無駄づかいしていないのに不思議です。それでも、買い物は

とについては、服薬カレンダーや声かけなどを試しながら解消し、確実に飲めるようにしていきましょ

継続して行えるようサポートしていきます。自分でしている活動（掃除など）は続けていきましょう。

（残薬）の確認と声かけ」を行います。

3.　その他　（　　　　　　　　　　　　　　　　　　　　　）

居宅サービス

利用者名　　山田　孝　　殿

生活全般の解決すべき課題（ニーズ）	目標			
	長期目標	（期間）	短期目標	（期間）
高血圧の薬を飲み忘れてしまうことがありますが、忘れずに飲めるようにしたい。	薬を処方どおりに飲めていること。	令和4年4月1日～令和7年3月31日	声かけを受けて、服薬カレンダーから薬を取り出し、忘れずに飲めること。	令和4年4月1日～令和5年3月31日
お金を使い過ぎてしまうので、家計の管理を手伝ってもらい、生活費のやりくりをしたい。	収支の計算ができ、生活費のやりくりができていること。	令和4年4月1日～令和7年3月31日	(2週間の)生活費のやりくりができること。	令和4年4月1日～令和5年3月31日
片づけは苦手ですが、家のなかはきれいにしていたい。	掃除機をかけ、室内を片づけることができること。	令和4年4月1日～令和7年3月31日	ベッドのまわりを整理整頓できていること。	令和4年4月1日～令和5年3月31日

※1　「保険給付の対象となるかどうかの区分」について、保険給付対象内サービスについては○印を付す。
※2　「当該サービス提供を行う事業所」について記入する。

計画書（2）

作成年月日　令和 4 年　3 月 12 日

援助内容					
サービス内容	※1	サービス種別	※2	頻度	期間
①処方薬を届け、薬の説明をします。残薬を確認し、服薬カレンダーにセットします。	○	①居宅療養管理指導（薬剤師）・在宅患者訪問薬剤管理指導	①○○薬局	①月 1 回	令和 4 年 4 月 1 日〜令和 5 年 3 月 31 日
②服薬の声かけをし、服薬をサポートします。	○	②訪問介護（身体介護）	②○○訪問介護事業所	②週 2 回（月・木）	
③お弁当を届ける際に、服薬の確認をします。		③宅食サービス	③○○弁当	③週 3 回（水・土・日）	
④服薬の声かけをします。		④ボランティア	④○○地区ボランティア	④週 2 回（火・金）	
⑤薬の袋を自分で切って飲みます。		⑤本人		⑤毎日	
①2 週間分の生活費を届け、収支の計算をします。		①日常生活自立支援事業	①○○社会福祉協議会	①月 2 回（隔週 1 回）	令和 4 年 4 月 1 日〜令和 5 年 3 月 31 日
②本人と一緒にスーパーマーケットに行き、相談して必要な物を購入します。	○	②訪問介護（身体介護）	②○○訪問介護事業所	②週 1 回（木）	
③買い物リスト、お金を準備します。残金を確認してから買い物をし、レシートは捨てないでとっておきます。		③本人		③週 1 回（木）	
①居室の掃除機がけ、トイレ、浴室の掃除をします。	○	①訪問介護（生活援助）	①○○訪問介護事業所	①週 1 回（月）	令和 4 年 4 月 1 日〜令和 5 年 3 月 31 日
②寝具類を整え、使った物は元の場所に戻します。		②本人		②毎日	

第 **3** 章　ケアプランの具体的な記載事例

週間サービ

利用者名　　山田　孝　　殿

		月	火	水	木
深夜	0:00　2:00　4:00				
早朝	6:00				
午前	8:00　10:00	訪問介護（掃除）9：00～10：00	ボランティア（服薬の声かけ）		訪問介護（買い物）9：30～10：30
				宅食サービス	
午後	12:00　14:00　16:00	ベッドまわりの整理整頓（本人）	ベッドまわりの整理整頓（本人）	ベッドまわりの整理整頓（本人）	ベッドまわりの整理整頓（本人）
夜間	18:00　20:00				
深夜	22:00　24:00				

週単位以外のサービス	○○クリニック通院（月1回）　　居宅療養管理指導（薬剤師）・在宅患者訪問薬剤管理指 ○○地区サロン会（毎月第3木曜日）　　民生委員の訪問（月1回）　　ごみ出しのサポート

ス計画表

金	土	日	主な日常生活上の活動
			夜中にトイレで1、2回起きる
			起床・カーテンを開ける
			着替え・朝食・服薬
			プランターの水やりをする
ボランティア （服薬の声かけ）			
	宅食サービス	宅食サービス	昼食・服薬
ベッドまわりの 整理整頓（本人）	ベッドまわりの 整理整頓（本人）	ベッドまわりの 整理整頓（本人）	昼寝（30～60分）
			散歩（30分） ＊コンビニに寄る日は60分
			夕食・服薬・服薬カレンダーの確認
			入浴
			ベッドでテレビを見て過ごす
			就寝

導（○○薬局　月1回）　日常生活自立支援事業（月2回（隔週1回））
（不燃物　毎月第1月曜日・資源ごみ　毎月第3月曜日：○○地区ボランティア）

⑨服薬や食事のサポートをしながら、糖尿病の悪化を防ぐ

男性（80代）、糖尿病、一人暮らし、要介護2
・数年前より糖尿病で服薬している。
・1年前に奥さんが亡くなり、服薬や食事のコントロールが十分でないため、訪問看護・訪問介護等を

第1表 居宅サービス

利用者名　　　湘南　海人　　殿　　　　　生年月日 昭和 17 年　 2 月 23 日

居宅サービス計画作成者氏名　　　　鎌倉　泉子

居宅介護支援事業者・事業所名及び所在地　　 I 居宅介護支援事業所・○○県○○市

居宅サービス計画作成（変更）日　令和 4 年 12 月 25 日

認定日 令和 4 年 12 月 15 日　　　　　認定の有効期間 令和 5 年　 1 月　 1 日

要介護状態区分	要介護 1　　　・　　　（要介護 2）　　　・　　　要介護 3
利用者及び 家族の生活に対する 意向を踏まえた 課題分析の結果	（本人）令和 3 年 12 月に妻に先立たれて 1 年。これからも妻との （本人）妻に任せきりだった食事づくりなどの家事は、自分なりに （本人）外出が減ってしまい、気力も少し萎えてきたように思うけど、 　　　　は利用したくありません。 （実姉）体調を崩し、現在は○○県の施設で暮らしているので、弟 　　　　あるため、体調の管理が心配です。弟が元気に暮らしてい （今後の方向性）ご自身の状況や想いについて、的確かつ正直に伺っ 　　　　の月命日のお墓参りを続けるためにも、まず、血
介護認定審査会の意見及び サービスの種類の指定	記載なし。
総合的な 援助の方針	支援の方針としては、糖尿病の悪化を防ぐため、食事量や食事内容、 生活への不安や手足のしびれが確認された場合には、訪問看護（○ ○○クリニック　▲▲医師（○○○○－○○○○－○○○○））
生活援助中心型の算定理由	（1.　一人暮らし）　　　2.　家族等が障害、疾病等

活用しながら、自宅での生活を継続する。

計画書（1）

作成年月日 令和 4 年 12 月 25 日

初回・紹介・⦅継続⦆　⦅認定済⦆・申請中

住所　○○県○○市

初回居宅サービス計画作成日　令和 3 年 12 月 17 日

～　令和 7 年 12 月 31 日

・　　　要介護 4　　　・　　　要介護 5

思い出があるこの家で暮らしていこうと思っています。

頑張っているけど苦労しています。また、薬を忘れることもあり、不安です。

妻の月命日だけはお墓参りに行きます。大勢のなかにいるのは好きでないから、通いのサービス

には電話連絡ぐらいしかできません。弟は一人暮らしをしたいと言っていますが、持病（糖尿病）が

けるよう必要な支援をお願いします。

ています。そのような想いを理解したうえで、特に食事に対しては困難な様子がみられます。奥様

糖値を安定させる（血糖値 120mg/dl 以下）ため食事と運動を重視していきましょう。

服薬の確認（声かけ）、残薬の確認を行います。

○ステーション　○○○−○○○−○○○○）に連絡し、必要に応じて医師の指示を受けます。

3.　その他　（　　　　　　　　　　　　　　　　　　　　　　　　）

　　　　　　　　　　　　　　　　　　　　　　　　居宅サービス

利用者名　　湘南　海人　　殿

生活全般の解決すべき課題（ニーズ）	目標			
	長期目標	（期間）	短期目標	（期間）
糖尿病の悪化が不安ですが、入院せずに生活したい。	薬を飲み忘れることなく、血糖値120mg/dl以下を維持できていること（入院せずに過ごせること）。	令和5年1月1日〜令和5年12月31日	声かけを受けて、食後に薬を飲むことができること。	令和5年1月1日〜令和5年6月30日
体重の増加が不安ですが、できるだけ、好きな食べ物を食べたい。	体重の増加がなく、55kgを維持できていること。	令和5年1月1日〜令和5年12月31日	体重（55kg）を増やさない食事ができること。	令和5年1月1日〜令和5年6月30日
疲れやすく気力も十分ではありませんが、外出を継続したい（コンビニに買い物に行く、お墓参りに行く等）。	生活に必要な外出ができていること。	令和5年1月1日〜令和5年12月31日	・コンビニ（自宅から400m）に買い物に行くことができること。・お墓参りに行けること。	令和5年1月1日〜令和5年6月30日

※1　「保険給付の対象となるかどうかの区分」について、保険給付対象内サービスについては○印を付す。
※2　「当該サービス提供を行う事業所」について記入する。

計画書（2）

援助内容					
サービス内容	※1	サービス種別	※2	頻度	期間
①血糖値の確認、体調管理の指導。		①通院	○○クリニック	①月 1 回	
②お薬カレンダーのセット、血糖値・体調の確認。	○	②訪問看護	○○訪問看護ステーション	②週 1 回（水）	令和 5 年 1 月 1 日〜令和 5 年 6 月 30 日
③服薬時の声かけ、残薬の確認。	○	③訪問介護（身体介護）	○○訪問介護ステーション	③週 6 日（日以外）	
④お薬カレンダーを見るよう声かけ。		④姉		④週 1 回（日）	
①食事の献立、食事量・飲水量の確認。	○	①訪問看護	○○訪問看護ステーション	①週 1 回（水）	
②減塩調理したメニューの提供。自炊の見守り、声かけ。食材の買い物。	○	②訪問介護（生活援助）	○○訪問介護ステーション	②週 6 日（日以外）	令和 5 年 1 月 1 日〜令和 5 年 6 月 30 日
③ヘルパーにメニューを相談し、簡単な調理をします。		③本人		③毎日	
①歩行訓練。転倒防止、バランスコントロールの指導。	○	①訪問リハビリテーション	○○訪問リハビリステーション	①週 2 回（月・金）	
②自宅のまわりを散歩します（20 分）。（悪天候の日はしません）		②本人		②週 4 日（火・木・土・日）	令和 5 年 1 月 1 日〜令和 5 年 6 月 30 日
③テレビ体操もしくはラジオ体操をします。		③本人		③毎日（1 日 1 回）	

第 **3** 章　ケアプランの具体的な記載事例

週間サービ

利用者名　　湘南　海人　　殿

		月	火	水	木
深夜	0:00 2:00 4:00				
早朝	6:00				
午前	8:00 10:00			訪問看護	
		テレビ体操	テレビ体操	テレビ体操	テレビ体操
		訪問リハビリ テーション	散歩		散歩
	12:00				
午後	14:00				
		訪問介護	訪問介護	訪問介護	訪問介護
	16:00				
夜間	18:00 20:00				
深夜	22:00 24:00				

週単位以外 のサービス	○○クリニック内科通院（月1回）、理髪店（月1回）、妻のお墓参り（月1回（月命日））

ス計画表

金	土	日	主な日常生活上の活動
			夜間トイレ 1 回
			朝方トイレ 1 回
		姉から電話	起床、トイレ、洗顔、歯磨き
	ラジオ体操	ラジオ体操	朝食（バナナ・ヨーグルト・コーヒー）
			服薬 室内外の植物への水やり
		徒歩で教会（散歩）	
テレビ体操			
	散歩		
			昼食（水曜日は友人と昼食会）
訪問リハビリテーション			
訪問介護	訪問介護（買い物）		
			夕食調理、服薬準備
			テレビニュースのチェック
		姉から電話	夕食、服薬
			テレビ鑑賞
			シャワー浴、歯磨き
			就寝準備、トイレ、着替え
			就寝

⑩膠原病による痛みをコントロールしながら、自分でできる家事を継続する

女性（80代）、膠原病、一人暮らし、要介護4
・膠原病の進行により、関節の痛み・腫れ・握力低下がみられる。
・定期巡回・随時対応型訪問介護看護等を活用し、掃除・洗濯・食事等のサポートを受けながら、一人

第1表　　　　　　　　　　　　　　　　　　　　　居宅サービス

利用者名　　鷲野　こう　殿　　　　　生年月日 昭和 13 年　3 月 10 日

居宅サービス計画作成者氏名　　　田島　トラオ

居宅介護支援事業者・事業所名及び所在地　　　J居宅介護支援事業所・○○県○○市

居宅サービス計画作成（変更）日　令和 4 年 12 月 10 日

認定日　令和 4 年 12 月 10 日　　　　認定の有効期間 令和 4 年 12 月　1 日

要介護状態区分	要介護 1　　・　　要介護 2　　・　　要介護 3
利用者及び家族の生活に対する意向を踏まえた課題分析の結果	（本人）朝、起きたときに手足が思うように動かず、痛みもあるのでトイレや身支度、家事等、自分のできることを続けていき （長女）母は身体の痛みや動かしづらさがあるので、一人暮らしを母が楽しい気持ちで過ごせるように、一緒に買い物やドライ （今後の方向性）関節の痛みやこわばりで身体の動かしづらさがあい日は、休息することが大切ですので、生活に必痛みが和らいでいる日には、リウマチ体操や家事
介護認定審査会の意見及びサービスの種類の指定	記載なし。
総合的な援助の方針	膠原病により、身体の痛みが強く、起き上がることもままならない症状がつらい日には、ご本人とサポート内容の相談をします。また、仰ぎます。その他、日常生活で急な困りごとが生じた場合（食事・000-000）を活用いただき、速やかに必要なサポートを整えます。
生活援助中心型の算定理由	1.　一人暮らし　　　2.　家族等が障害、疾病等

暮らしを続ける。

計画書（1）

作成年月日 令和 4 年 12 月 10 日

初回 ・ 紹介 ・（継続） （認定済）・ 申請中

住所　○○県○○市

初回居宅サービス計画作成日 平成 21 年　5 月 11 日

～ 令和 8 年 11 月 30 日

・　（要介護 4 ）　・　　要介護 5

大変です。自分の描いた絵や好きな雑貨に囲まれたこの家で過ごしていきたいです。そのためにも、

たいです。

続けることに心配もありますが、今は母の想いを大切にしたいです。

ブへ出かけたりと、私ができるサポートを続けていきます。

りますので、その日の痛みの程度に応じて、ご自身でできる活動を続けていきましょう。痛みが強

要なサポート体制の相談をしていきましょう。

をしたり、長女さんと外出をしたりして、筋力や関節の動きを維持していきましょう。

状況があります。支援チームでは、痛みの程度とそれに伴う生活動作の確認をします。痛み等の

痛みが強く起き上がれない場合は、主治医（○○診療所：000-0000-0000）へ連絡し指示を

着替え・排泄等）や転倒した場合には、定期巡回・随時対応型訪問介護看護の緊急コール（000-

3．その他　（　　　　　　　　　　　　　　　　　　　　　　　）

居宅サービス

利用者名　鷲野　こう　殿

生活全般の解決すべき課題(ニーズ)	目標			
	長期目標	(期間)	短期目標	(期間)
関節の痛みやこわばりが強くなると、起き上がることも難しいときがありますが、薬の調整をすることで痛みなく過ごしたい。	身体の痛みがなく生活できていること。	令和5年1月1日～令和5年12月31日	薬の内容を理解し、痛みに合わせた薬を内服できること。	令和5年1月1日～令和5年6月30日
立ち座りの動作でふらつきがありますが、トイレのサポートを受けて、日中はトイレで用を足したい。	日中はトイレで用を足すことができること。	令和5年1月1日～令和5年12月31日	手すりにつかまり便座の立ち座りができること。	令和5年1月1日～令和5年6月30日
手指の痛みと握力の低下がありますが、着替えのサポートを受けて、身支度を整えられるようにしたい。	毎日、身支度(着替え・洗面・歯磨き・整髪)ができていること。	令和5年1月1日～令和5年12月31日	毎朝、洋服に着替えることができていること。	令和5年1月1日～令和5年6月30日

※1 「保険給付の対象となるかどうかの区分」について、保険給付対象内サービスについては○印を付す。
※2 「当該サービス提供を行う事業所」について記入する。

計画書（2）

第 **3** 章　ケアプランの具体的な記載事例

援助内容					
サービス内容	※1	サービス種別	※2	頻度	期間
①病状等に応じた必要な治療と薬の説明を行います。	○	①②居宅療養管理指導（医師）訪問診療	○○診療所	①②月 2 回第 1・第 3（火）	令和 5 年 1 月 1 日〜令和 5 年 6 月 30 日
②病状等に応じた生活上の助言や相談を行います。	○	②③居宅療養管理指導（薬剤師）在宅患者訪問薬剤管理指導	○○薬局	②③月 2 回第 1・第 3（水）	
③薬の説明と服薬状況の確認をします。	○				
④痛みの程度、血圧や体温、服薬状況等の全身状態の観察・確認を行います。	○	②④⑤定期巡回・随時対応型訪問介護看護（看護）	○○定期巡回・随時対応型訪問介護看護事業所	②④⑤週 1 回（月）	
⑤お薬ケースへの仕分けと残薬の確認を行います。	○				
⑥1 回分の薬を小皿に入れて、テーブルの上に置きます。	○	⑥定期巡回・随時対応型訪問介護看護（介護）	○○定期巡回・随時対応型訪問介護看護事業所	⑥1 日 4 回（毎食時・就寝時（翌日の起床時分））	
⑦お薬を確認して、内服をします。		⑦⑧本人		⑦1 日 4 回（起床時・毎食後）	
⑧リウマチ体操をします。				⑧1 日 2 回（痛みのないとき）	
①立ち座りのリハビリテーションを行います。	○	①定期巡回・随時対応型訪問介護看護（リハビリテーション）	○○定期巡回・随時対応型訪問介護看護事業所	①週 1 回（土）	令和 5 年 1 月 1 日〜令和 5 年 6 月 30 日
②トイレ等の介助を行います（オムツ交換・立ち座り支援・ズボン上げ下ろし・陰部洗浄）。	○	②定期巡回・随時対応型訪問介護看護（介護）	○○定期巡回・随時対応型訪問介護看護事業所	②1 日 5 回その他、トイレ時	
③トイレの水を流します。		③本人		③トイレ時	
①着替えのサポートを行います。	○	①定期巡回・随時対応型訪問介護看護（介護）	○○定期巡回・随時対応型訪問介護看護事業所	①1 日 2 回（朝・就寝前）	令和 5 年 1 月 1 日〜令和 5 年 6 月 30 日
②洗面所で洗顔・歯磨き・整髪を行います。		②本人		②1 日 1 回（朝）	

次ページに続く

生活全般の解決すべき課題（ニーズ）	目標			
	長期目標	（期間）	短期目標	（期間）
手指の痛みと握力の低下がありますが、家事のサポートを受けて、自分でできる家事（食事・洗濯・掃除）を続けていきたい。	自分で家事（食事・洗濯・掃除）をすることを継続できること。	令和5年1月1日〜令和5年12月31日	朝食のパンにジャムを塗ることができていること。	令和5年1月1日〜令和5年6月30日
			洗濯機に洗濯物と洗剤を入れて、スイッチを押すことができていること。	令和5年1月1日〜令和5年6月30日
			食後、除菌シートでテーブルを拭くことができていること。	令和5年1月1日〜令和5年6月30日
立ち座りや乗り移りの動作ではふらつきがありますが、入浴サポートを受けて、浴槽につかり手足の関節を動かしたい。	浴槽につかり、手足の関節を動かすことができること。	令和5年1月1日〜令和5年12月31日	洗い場から浴槽へ、浴槽から洗い場へ転ばずに出入りができること。	令和5年1月1日〜令和5年6月30日

※1 「保険給付の対象となるかどうかの区分」について、保険給付対象内サービスについては○印を付す。
※2 「当該サービス提供を行う事業所」について記入する。

援助内容					
サービス内容	※1	サービス種別	※2	頻度	期間
①食事とお茶をテーブルにセットします。 ②食後に食器を洗います。 ③栄養バランスのとれた食事を提供します。 ④パンにジャムを塗ります(蓋の開け閉めはヘルパー対応)。 ⑤食後の食器等をシンクへ運びます。 ⑥本人と一緒に食材の買い物をします。	○ ○	①②定期巡回・随時対応型訪問介護看護(介護) ③配食サービス ④⑤本人 ⑥長女	○○定期巡回・随時対応型訪問介護看護事業所 ○○配食サービス	①②1日3回(朝・昼・夕) ③1日2回(昼・夕) ④朝食時 ⑤毎食後 ⑥週2回(火・日)	令和5年1月1日～令和5年6月30日
①洗濯を行います(干す・たたむ・たんすにしまう)。 ②洗濯機に洗濯物と洗剤を入れ、スイッチを押します。	○	①定期巡回・随時対応型訪問介護看護(介護) ②本人	○○定期巡回・随時対応型訪問介護看護事業所	①週2回(月・金) ②週2回(月・金)	令和5年1月1日～令和5年6月30日
①自宅全体の清掃を行います。 ②ごみをまとめて玄関前に出します。 ③ごみの戸別収集を行います。 ④テーブルの拭き掃除をします。 ⑤ごみの集荷日を確認し、ヘルパーへ伝えます。	○	①②定期巡回・随時対応型訪問介護看護(介護) ③ごみ収集サービス ④⑤本人	○○定期巡回・随時対応型訪問介護看護事業所 ○○市	①週2回(水・土) ②週2日(火・金) ③週2日(火・金) ④毎食後 ⑤週2日(火・金)	令和5年1月1日～令和5年6月30日
①浴槽の出入りのリハビリテーションをします。 ②体調の観察をし、浴室内外での入浴サポートをします。 ③皮膚状態を観察し、保湿剤を塗ります。 ④手の届く範囲(顔・手・お腹)を洗います。	○ ○ ○	①定期巡回・随時対応型訪問介護看護(リハビリテーション) ②③定期巡回・随時対応型訪問介護看護(看護または介護) ④本人	○○定期巡回・随時対応型訪問介護看護事業所 ○○定期巡回・随時対応型訪問介護看護事業所	①週1回(土) ②③週3回(月・水・金) ④入浴時	令和5年1月1日～令和5年6月30日

週間サービ

利用者名　鷲野　こう　　殿

		月	火	水	木
深夜	0:00				
	2:00				
	4:00				
	6:00				
早朝		7:00 〜 7:10　リウマチ体操			
		7:30 〜 8:00　定期巡回・随時対応型訪問介護看護（介護）			
午前	8:00		ごみ収集		
	10:00				
		配食弁当届く			
		11:30 〜 12:00　定期巡回・随時対応型訪問介護看護（介護）			
午後	12:00				
	14:00	14:00 〜 15:00 定期巡回・随時対応型訪問 介護看護（看護）入浴	13:00 〜 16:00 長女と一緒に 買い物へ行く	14:00 〜 15:00 定期巡回・随時対応型訪問 介護看護（介護）入浴	
					15:00 〜 15:30 定期巡回・ 随時対応型訪問介護看護（介護）
	16:00	16:00 〜 16:15　リウマチ体操			
		配食弁当届く			
	18:00	18:00 〜 18:30　定期巡回・随時対応型訪問介護看護（介護）			
夜間					
	20:00				
	22:00	21:00 〜 21:30　定期巡回・随時対応型訪問介護看護（介護）			
深夜	24:00				

週単位以外 のサービス	居宅療養管理指導（医師）・訪問診療（○○診療所　月2回　第1・第3火） 居宅療養管理指導（薬剤師）・在宅患者訪問薬剤管理指導（○○薬局　月2回　第1・第3水） 定期巡回・随時対応型訪問介護看護（○○事業所・随時訪問）

ス計画表

金	土	日	主な日常生活上の活動
			(日中のトイレ約 5 回)
			起床・服薬
			着替え・トイレ・朝食・服薬
ごみ収集			朝食片づけ・掃除 (テーブル拭き) 洗顔・歯磨き・整髪
			リビングでニュースを観る
			トイレ
			昼食・服薬
			昼食片づけ・掃除 (テーブル拭き)・歯磨き
14:00〜15:00 定期巡回・随時対応型訪問 介護看護 (介護) 入浴	14:00〜14:40 定期巡回・随時対応型訪問 介護看護(リハビリテーション)	13:00〜16:00 長女と一緒に 買い物へ行く	トイレ・入浴 (月・水・金)・洗濯 (月・金)
			ドライブ・絵を描く・テレビを観る
			友人と電話する (週 1〜2 回)
			トイレ・夕食・服薬
			夕食片づけ・掃除 (テーブル拭き)・歯磨き
			トイレ・着替え
			就寝 (夜間はオムツ)

第 3 章　ケアプランの具体的な記載事例

147

5 加算を算定しているケース

⑪通所リハビリテーション（入浴介助加算（Ⅱ）算定）を活用し、自宅での入

女性（70代）、軽い狭心症、長男と同居、要介護1
・軽い狭心症で服薬している。また、骨粗しょう気味で立ち上がり時に腰や背中の痛みがある。
・長男の介護を受けずに、自宅で入浴できることを目指す。

第1表　　　　　　　　　　　　　　　　　　　　　　居宅サービス

利用者名　　山岡　澄子　殿　　　　　　生年月日 昭和19年　1月19日

居宅サービス計画作成者氏名　　　森下　遥

居宅介護支援事業者・事業所名及び所在地　　　Ｋ居宅介護支援事業所・○○県○○市

居宅サービス計画作成（変更）日　令和4年　1月20日

認定日　令和4年　1月6日　　　　　認定の有効期間 令和4年　2月　1日

要介護状態区分	要介護1 ・ 要介護2 ・ 要介護3
利用者及び家族の生活に対する意向を踏まえた課題分析の結果	（本人）病気が悪くならないように気をつけながら家事を続け、自 　　　　息子にはお風呂のことで迷惑をかけないようにしたい。 （長男）仕事があり、思うように手伝うことはできないが、通院等の 　　　　母が希望するように自宅で入浴できるようになってほしい （今後の方向性）自宅内での暮らしは、ほとんど自身でされています。 　　　　う。同時に自宅での入浴を実現するために、足を
介護認定審査会の意見及びサービスの種類の指定	記載なし。
総合的な援助の方針	支援チームとしては、腰や背中の痛み（軽度の骨粗しょう症）が続 痛みが強く、歩き方に異変がある場合、また、服薬してもなお、 ○○クリニック（××先生　0000-00-0000）　　　山岡　晃
生活援助中心型の算定理由	1.　一人暮らし　　2.　家族等が障害、疾病等

浴を目指す

計画書（1）

作成年月日 令和 4 年　1 月 20 日

初回・紹介・継続 　認定済・申請中

住所　○○県○○市

初回居宅サービス計画作成日　令和 2 年　3 月 20 日

〜 令和 7 年　1 月 31 日

・　　　要介護 4　　　・　　　要介護 5

宅で息子と生活していきたい。

サポートを行い、自宅での生活を続けてほしいと思う。

が、心配なので見守りはしたいと思います。

今後、自宅で入浴できるようになるためにも、病気の悪化(狭心症や転倒による骨折)に注意しましょ

持ち上げる動作や浴室内の移動動作の訓練に力を入れていきましょう。

いていますので、歩き方（傾き・歩幅）に注意を払い、確認と観察をします。

血圧が基準値以上ある場合には、本人から状況を聞き取ったうえで、医師に連絡します。

（長男　000-0000-000）

3.　その他　（　　　　　　　　　　　　　　　　　　　　　　　　　　　　）

居宅サービス

利用者名　　山岡　澄子　　殿

生活全般の解決すべき課題（ニーズ）	目標			
	長期目標	（期間）	短期目標	（期間）
狭心症や腰・背中の痛みにより、自宅での入浴に不安がありますが、1人で自宅のお風呂に入浴したい。	1人で自宅のお風呂に入浴できること。	令和4年2月1日〜令和5年1月31日	浴槽の縁に腰かけて、足を持ち上げられること。	令和4年2月1日〜令和4年7月31日
			自宅のお風呂で、週1回シャワー浴ができること。	令和4年2月1日〜令和4年7月31日
			狭心症が悪化しないよう、血圧140/90mmHg以下を維持できること。	令和4年2月1日〜令和4年7月31日

※1　「保険給付の対象となるかどうかの区分」について、保険給付対象内サービスについては○印を付す。
※2　「当該サービス提供を行う事業所」について記入する。

計画書（2）

援助内容					
サービス内容	※1	サービス種別	※2	頻度	期間
①浴室内の移動時、すぐに介助できるよう見守りを行います。 ②浴槽の縁に腰かけ、足を持ち上げる際に身体を支え、足上げの補助を行います。 ③手すりにつかまり浴室内を移動します。 ④身体、髪を洗います。 ⑤いすに腰かけ、足を上げる訓練をします（10 回×2 セット）。	○ ○	①②通所リハビリテーション ③④⑤本人	○○通所リハビリテーション	①② 週 2 回（月・木） ③④ 週 2 回（月・木） ⑤毎食後	令和 4 年 2 月 1 日～令和 4 年 7 月 31 日
①浴室内の移動を支えるため、手すりを 2 か所設置します（浴室出入口、浴槽側）。 ②1 人で洗身・洗髪できるようシャワーチェアを提供します。 ③浴室内の準備（シャワーチェアの設置）、入浴中の声かけをします。 ④手すりにつかまり、浴室まで移動します。 ⑤身体、髪を洗います。	○ ○	①住宅改修 ②福祉用具購入 ③長男 ④⑤本人	○○工務店 ○○福祉用具事業所	①入浴時 （令和 4 年 2 月 15 日設置） ②入浴時 （令和 4 年 2 月 10 日購入） ③週 1 回（日） ④⑤週 1 回（日）	令和 4 年 2 月 1 日～令和 4 年 7 月 31 日
①血圧、体調の変化の確認。服薬指導。 ②血圧を測り、記録します。 ③忘れずに服薬します。 ④冬場は入浴前に脱衣所を温めておきます。		①通院 （内科） ②③④本人	○○クリニック	①月 1 回 ②毎朝 ③毎食後 ④入浴時	令和 4 年 2 月 1 日～令和 4 年 7 月 31 日

第 **3** 章　ケアプランの具体的な記載事例

151

週間サービ

利用者名　　山岡　澄子　　殿

		月	火	水	木
深夜	0:00				
	2:00				
	4:00				
	6:00				
早朝		血圧測定、記録			
		足上げ訓練 （10 回× 2 セット）			
午前	8:00	通所リハビリテーション （9：00 ～ 16：00）			通所リハビリテーション （9：00 ～ 16：00）
	10:00				
	12:00		足上げ訓練 （10 回× 2 セット）	折り紙教室 （趣味活動）	
午後	14:00				
	16:00				
	18:00				
夜間	20:00	足上げ訓練 （10 回× 2 セット）			
深夜	22:00				
	24:00				

週単位以外 のサービス	○○クリニック通院（月 1 回　長男同行）　住宅改修（手すり設置 2 か所、令和 4 年 2 月

ス計画表

作成年月日　令和 4 年　1 月 20 日

金	土	日	主な日常生活上の活動
			起床・着替え・洗面
			朝食の支度・朝食・服薬
			テレビ・ニュース (30 分)
			掃除
			昼食の支度・昼食・服薬
足上げ訓練 (10 回×2 セット)			昼寝 (30 分)
			趣味活動
			散歩 30 分から 1 時間 (近隣知人と庭先で会話)
			洗濯物を取り込み、たたむ
		シャワー浴	買い物、脱衣所の温度調整
			夕食の支度
			息子と夕食・服薬
			就寝
			(7：30 〜 19：00　長男就労)
			(夜間トイレ 1 回)

15 日設置)　福祉用具購入 (シャワーチェア、令和 4 年 2 月 10 日購入)

⑫通所介護（口腔・栄養スクリーニング加算（I）算定）を活用し、十分な食

男性（80代）、歯周疾患、一人暮らし、要介護2
・妻に先立たれ、食事量が低下している。義歯が合っていなかったり、口腔ケアができていなかったり
・配食サービスや通所介護等を活用し、食事を摂り、体重をもとに戻すことを目指す。

第1表　　　　　　　　　　　　　　　　　　　　　　　居宅サービス

利用者名　　　桜田　敏男　　殿　　　　　　生年月日 昭和11年　9月11日

居宅サービス計画作成者氏名　　　　　横浜　夏

居宅介護支援事業者・事業所名及び所在地　　　ケアプランセンターL・○○県○○市

居宅サービス計画作成（変更）日　令和4年　4月　1日

認定日　令和4年　3月　5日　　　　　認定の有効期間 令和4年　2月　1日

要介護状態区分	要介護1　　・　　要介護2　　・　　要介護3
利用者及び家族の生活に対する意向を踏まえた課題分析の結果	（本人）歯が悪く、食事もおいしくなくなってしまった。入れ歯が合 （本人）庭の手入れもしなくなり、何かと娘に心配をかけているので、 （長女）母が亡くなってから食事量が減り、痩せた姿を見て心配して 　　　　いたが、私も電話をしたり、仕事が休みの日には訪問した （今後の方向性）以前のように庭の手入れをしたり、外出したりして 　　　　の状況を改善していきましょう。食事量を見ながら
介護認定審査会の意見及びサービスの種類の指定	記載なし。
総合的な援助の方針	一人暮らしになってから、生活や気持ちに大きな変化があります。 支援チームとしては、食事全般と屋内活動（運動）について観察・
生活援助中心型の算定理由	1.　一人暮らし　　　2.　家族等が障害、疾病等

事が摂れるようになることを目指す

するため、なおさら食事が摂れていない。

計画書（1）

作成年月日 令和4 年　4 月　1 日

住所　○○県○○市

初回居宅サービス計画作成日　令和4 年　4 月　1 日

〜 令和5 年　1 月 31 日

・　　要介護4　　　・　　要介護5

わないので痛い。歯医者にかかりたいと思っている。
少しでも食べられるようになって娘を安心させたい。
いる。以前のように食事を摂れるようになってほしい。離れて暮らしているのでサポートをお願いし
りして、父を支えたい。
娘さんを安心させるために、食事をしっかり摂り、標準体重に戻しましょう。そのために、入れ歯
活動（運動）も増やしていきましょう。

特に食事量が減ることで、体重が減っています。
確認をします。

3.　その他　（　　　　　　　　　　　　　　　　　　　　　　　）

居宅サービス

利用者名　　桜田　敏男　　殿

生活全般の解決すべき課題（ニーズ）	目標			
	長期目標	（期間）	短期目標	（期間）
歯の状態が悪いので、治療を受けることで、食事が摂れるようになりたい。	歯の状態がよくなり、必要な食事量を摂ることができていること。	令和4年4月1日〜令和5年1月31日	入れ歯の手入れができ、痛みなく食事を摂ることができていること。	令和4年4月1日〜令和4年9月30日
偏食や食事量の減少により体重が低下していますが（現在43kg、BMI16）、体重を50kgに戻したい。	体重が50kgになっていること（BMI19.5）。	令和4年4月1日〜令和5年1月31日	体重が47kgになっていること（BMI18）。	令和4年4月1日〜令和4年9月30日
体力がなく、歩行に不安があるが、庭の手入れができるようになりたい。	庭の花に水やりができていること。	令和4年4月1日〜令和5年1月31日	歩行器を使い、自宅内を一人で歩けていること。	令和4年4月1日〜令和4年9月30日

※1 「保険給付の対象となるかどうかの区分」について、保険給付対象内サービスについては○印を付す。
※2 「当該サービス提供を行う事業所」について記入する。

計画書 (2)

援助内容					
サービス内容	※1	サービス種別	※2	頻度	期間
①入れ歯の調整、口腔ケアの指導、口腔内の状態を確認します。 ②口腔内が清潔に保てているか、義歯が合っているか確認します。 ③食後に歯磨きをします。義歯を洗浄剤に浸します。 ④歯磨きや義歯の手入れができたか、本人に確認します。	○	①通院 （歯科) ②通所介護 ③本人 ④長女	①○○歯科医院 ②○○デイサービスセンター	①月 2 回 （第 1・第 3 火） ②週 3 回 （月・水・金） ③食後、就寝前 ④毎日	令和 4 年 4 月 1 日～ 令和 4 年 9 月 30 日
①食事量や、栄養状態、体重の確認をします。 ②栄養管理された食事を配達します。 ③朝食や間食の買い置きをします。	○	①通所介護 ②配食サービス ③長女	①○○デイサービスセンター ②○○弁当	①週 3 日 （月・水・金） ②週 6 日 （火・土の昼月～土の夕方） ③週 2 日 （木・日）	令和 4 年 4 月 1 日～ 令和 4 年 9 月 30 日
①洗面所や室内の移動のための歩行器を貸与します。 ②足上げのトレーニングをします。	○	①福祉用具貸与 ②本人	①○○福祉用具サービス	①室内移動時 ②1 日 1 回 （朝食後）	令和 4 年 4 月 1 日～ 令和 4 年 9 月 30 日

　　　　　　　　　　　　　　　　　　　　週間サービ

利用者名　　桜田　敏男　　殿

		月	火	水	木
	0:00				
深夜	2:00				
	4:00				
	6:00				
早朝					
	8:00				
		足上げトレーニング	足上げトレーニング	足上げトレーニング	足上げトレーニング
午前	10:00		宅配弁当		
					長女訪問
	12:00	通所介護		通所介護	
		9:30～16:30		9:30～16:30	
	14:00				
午後					
	16:00				
	18:00	宅配弁当	宅配弁当	宅配弁当	宅配弁当
夜間		長女より電話	長女より電話	長女より電話	
	20:00				
	22:00				
深夜	24:00				

週単位以外のサービス	○○歯科医院通院（月2回　第1・第3火） 福祉用具貸与（歩行器）

ス計画表

金	土	日	主な日常生活上の活動
			起床
			朝食
			歯磨き、義歯を洗浄剤に浸ける
足上げトレーニング	足上げトレーニング	足上げトレーニング	
	宅配弁当		
			入浴（週 3 回　月・水・金）
		長女訪問	
			昼食
通所介護 9：30～16：30			歯磨き、義歯を洗浄剤に浸ける
宅配弁当	宅配弁当		夕食
			歯磨き、義歯を洗浄剤に浸ける
長女より電話	長女より電話		
			義歯を洗浄剤に浸ける
			就寝
			（深夜は 2 回ほどトイレ）

おわりに

　「文例・事例でわかる　居宅ケアプランの書き方　具体的な表現のヒント」（居宅編）が2020年4月に完成したときには数年後に【改訂版】を出すことになるとは夢にも思いませんでした。数多くの方にお目通しいただき、「たたき台」としての役目は最低限果たせたと安堵していました。

　それだけでなく、2021年に出版した「文例・事例でわかる　施設ケアプランの書き方　具体的な表現のヒント」（施設編）についても居宅編と同様の反響をいただいていることに感謝しているところです。

　そのようななか、みなさんにいうまでもない令和3年3月31日の通知（「介護サービス計画書の様式及び課題分析標準項目の提示について」の一部改正等について）により、良くも悪くも業界内に大反響が巻き起こりました。本当に数多くのケアマネジャーから意見や相談をいただき、また、私の見解を求められました。これが、今回の改訂版を作成する理由のすべてです。

　今回も前作と同じチームで臨むことができました。まず、中央法規出版のメンバーは小宮さんと牛山さんです。特に、牛山さんにあっては前作が単著の初担当でした。あれからさまざまな知見を磨き、逞しく成長した姿に感動しました（人財ってすごいですよね）。今回も、同じチームでできたことは当たり前でなく、縁とタイミングが合ってこそ。だから感謝なのです。そして、事例を書いてくださった仲間たち。現任業務の忙しいなかで趣旨をくみ取り、共感と賛同をいただき、付き合ってくれてありがとうございます。そして、介護の未来メンバーは、私自身のこだわりや想いに常に付き合ってくれ、同じ船にのるクルーとして感謝しています。

　最後になりますが、この本を書くきっかけをくれた全国のケアマネジャーに心から感謝します。自分が期待していただけることに今後も全力で取り組みます。

2022年7月

阿部　充宏

● 著者紹介

阿部　充宏
（合同会社　介護の未来　代表）

　社会福祉法人に 25 年勤務し、法人事業部長や特別養護老人ホームの施設長を経て、2015 年に合同会社介護の未来を興し、以降、現職。2016 年よりケアプラン点検事業を受託し、2022 年度は 11 保険者（神奈川県・岩手県・福島県・山形県）で、年間約 500 人のケアプラン点検を実施。また、指定市町村事務受託法人として、5 保険者から委託され、年間 100 事業所の運営指導（旧実地指導）を行っている。その他、神奈川県の指定機関として介護支援専門員更新（法定）研修を実施（年間 8 回・約 1400 人）。

　また、未来塾を主宰（登録者 1400 人強）し、セミナーや被災地活動（石巻市・女川町）にも取り組んでいるほか、保険者等からの依頼により年間 100 回以上の講演をこなす。一般社団法人神奈川県介護支援専門員協会元理事長（現相談役）。

　保有資格は、社会福祉士・介護福祉士・介護支援専門員。

　主な著書として、「オリジナル様式から考えるケアマネジメント実践（居宅編・施設編・介護予防編）」（中央法規出版）、「ケアマネジャー試験過去問一問一答パーフェクトガイド」（中央法規出版）、その他、雑誌掲載等多数。近著（2022 年 8 月）として、「ケアプランパーフェクトガイド　運営基準・介護報酬とケアマネジャーの「すべきこと」「してはならないこと」」（中央法規出版）がある。

介護の未来ホームページ
http://kaigonomirai.net/
「阿部のつぶやき」毎日更新中！

● 事例執筆者
・浅田敦子　　　・冨永由美子
・飯塚絢子　　　・永島由理子
・池田まり　　　・深水道子
・石井真由美　　・森田恭子
・鈴木　陵　　　・横山まり子
・鶴松一美　　　・吉田晴代

改訂 文例・事例でわかる 居宅ケアプランの書き方
具体的な表現のヒント

2022 年 8 月 20 日　初　版　発　行
2023 年 7 月 10 日　初版第 2 刷発行

著　者 ……………… 阿部 充宏

発行者 ……………… 荘村 明彦

発行所 ……………… 中央法規出版株式会社

　　　　　　　　　〒 110-0016　東京都台東区台東 3-29-1　中央法規ビル
　　　　　　　　　TEL 03-6387-3196
　　　　　　　　　https://www.chuohoki.co.jp/

印刷・製本 ……………… 新津印刷株式会社

装幀・本文デザイン …・株式会社ジャパンマテリアル

ISBN978-4-8058-8766-0